用生活常识就能看懂财务报表

两岸企业指定度最高的数字力讲师

林明樟◎著

SPM
南方出版传媒
广东经济出版社
－广州－

图书在版编目（CIP）数据

用生活常识就能看懂财务报表 / 林明樟著. —广州：广东经济出版社，2017.3（2025.3 重印）
ISBN 978 - 7 - 5454 - 5048 - 4

Ⅰ. ①用…　Ⅱ. ①林…　Ⅲ. ①会计报表 - 基本知识　Ⅳ. ①F231.5

中国版本图书馆 CIP 数据核字（2016）第 289870 号

版权登记号：19 - 2016 - 178

出 版 人：刘卫平
责任编辑：陈念庄　李　璐　李雨昕
责任技编：陆俊帆
封面设计：李尘工作室

特别鸣谢
审核专家：代义国（财务报表），赵小虎、金晶（银行）

《用生活常识就能看懂财务报表》
YONG SHENGHUOCHANGSHI JIUNENG KANDONG CAIWUBAOBIAO
林明樟　著

出版发行	广东经济出版社（广州市环市东路水荫路 11 号 11 - 12 楼）
经销	全国新华书店
印刷	珠海市国彩印刷有限公司 （珠海市金湾区红旗镇虹晖三路北侧，永安一路西侧）
开本	880 毫米 × 1230 毫米　1/32
印张	6.5
字数	120 千字
版次	2017 年 3 月第 1 版
印次	2025 年 3 月第 15 次
书号	ISBN 978 - 7 - 5454 - 5048 - 4
定价	39.80 元

图书营销中心地址：广州市环市东路水荫路 11 号 11 楼
电话：（020）87393830　邮政编码：510075
如发现印装质量问题，影响阅读，请与承印厂联系调换
广东经济出版社常年法律顾问：胡志海律师

当年的我，身无分文，职业与创业生涯上上下下好几回。
这本书献给始终对我不离不弃的家人：
老婆欣颖与两个可爱的儿女 Willie 与 Sonia。

献给一路跟随我多次创业的股东与工作伙伴们，不论我的梦想能否成功，你们都默默地支持与鼓励。

也送给拿起这本书的有缘人，
因为在书中，我将 20 多年研究财报的功力，
用最简单的方式，一次传授给您。

推荐序

哥教的不是数字，是积极正面的人生

谢文宪

认识明樟(MJ)是在盟亚的年终尾牙上，我们没太多的互动，再次见面就在海角七号的垦丁夏都饭店。我这辈子就去过那么一次，就刚好遇到他，而且是他们全家。他热情地跟我打声招呼，我们好似熟识许久。

这就是他，业务性格与特质遍布全身上下，但大家千万不要以为从事业务工作，又是教财务数字的他，一定是位铜臭味很重，很势利的油条大哥。错了，他是一位温暖、有情有义、乐于助人、与人为善的哥字辈人物。

我们第一次深聊，是在我所住的商务酒店旁的连锁快餐店里。一大早的早餐聚会，他向我请教职业讲师的 know how。几年的光景，他已是独霸一方的数字力大神，教学活泼众人皆知，但我想先谈谈他的创业历程。

他在离开长期奋斗的科技电子领域后，转战美妆产业，够大的挑战吧？虽然我对该产业了解不多，但我知道他是全心投入的。我一直劝他："职业讲师比较适合你。"但他始终怀抱创业成功的大梦，投入的程度跟疯子没两样。这就是我看过的大多创业成功的典型：过程遭遇阻碍，但他吸取的经验的价值，远远超过赔掉的钱。

当他再次回到讲师领域，也是我看到的成功典型：将失败经验转化为成功的养分。他过去的成功业务经验，加上长期对财报与数字的了解（我称之为天赋），配合他的许多跌倒与挫折的失败历练，最后辅以他敏锐的观察与良善的心，天天磨炼与持续精进。我也上过他的数字力品牌课程，说是亚洲第一财报课程，一点也不为过。

回顾他在教学领域的成功，我分析几点要素：

1. 持续锻炼身体，每日游泳是必备运动，不分春夏秋冬，1500 米起跳。海军陆战队等级的训练，退伍后才开始崭新的人生。
2. 付出的远比回收的多，他送的礼物、给的知识，远比我们付的钱、请他吃的饭多上 10 倍。他不问回报，只问有没有用。
3. 把复杂的数字与财报，用超级简单的话语来讲、来教，远比我们想象的难上千百倍。全台湾只有他做得到，口诀、教具样样俱全，轻松活泼、易学能用。

4. 对朋友以诚相待，真心诚意；待人处事的分寸拿捏，进退得宜。MJ 不只是好朋友，更是好伙伴。

他说他要出书，我说：“不要吧？这样你的 know how 就被学走了。”但 MJ 回答：“我未来一定还可以更好。”

多么豪气干云的回答，这就是我欣赏的 MJ，付出从不求回报，我听过他整堂课，看完他整本书，认识他这个人，人与书都值得推荐。如果用生活常识就能看懂财务报表，如果用简单语言就能探索投资秘境，那么这本书绝对值得您珍藏。

如果您跟我一样，大学念完企业管理系、EMBA，可能都还没有把握能看懂财报；如果您跟大多数人一样，对于数字非常惧怕；如果您跟大多数的创业者一样，懂得商业模式创新，但不懂利用财务报表分析问题；如果您有着与普罗大众一样的问题：“看懂财务报表，不是会计师与财务长的工作吗？”……那么，这本书会是您提升个人投资与企业经营水平的最佳良伴。

MJ 教的不仅仅是数字与财报，还有他丰沛的创业经验与积极正面的人生。

（本文作者为两岸知名企管讲师，商周专栏作家）

推荐序

数字的温度

王永福

从来没有想过，我有一天会看得懂财务报表，甚至对这些数字产生感觉。

过去进行个人投资或参与公司经营时，我当然也会试着阅读财报。但不晓得你有没有这样的经验：报表上的每个项目数字你都认识，却看不出什么所以然，只会看一下总收入，再看一下净利润，然后就不晓得要看什么地方了。

这样的财务知识程度，我自己觉得很不足够，所以有一段时间，我密集地买了很多投资相关的书籍自行阅读，像巴菲特、彼得·林奇、费雪、索罗斯等大师的书，还有指导如何看懂财报，了解财管及会计相关知识的书籍。但是这些领域与一般的通识不大一样，自己看还是有很大的入门障碍，越是深入钻研，越觉得窒碍难行。

当然，投不投资只是一种理财选择。但是等到自己开公司，也参与其他公司的运作后，总不能连财务报表或数字都不懂吧？可是，这又回到一开始我提到的：“懂不懂”跟“有感觉”，两者是完全不同的境界。能不能从这些数字里抓出一些重要信息，作为公司经营调整的重要指标呢？我一直很想增加这个领域的知识，可惜尽管心底很想，却一直没有方法可以达到。

后来认识了MJ——林明樟老师，在几次聊天中，我发现他是数字力及财务教学专家。虽然很想报他的课程提升水平，只是心里也会有点担心：才一天的课，听得懂、学得会吗？没想到，仅仅一天的数字力课程，就解开了我心中的许多谜团，让我开始有了更清晰的方向。

原来财报可以立体解读，不能单看一个报表。原来现金为王，很多事情在现金流量表里是藏不住的。原来长期稳定的获利能力，比短期的营业数字更加重要。原来以长支长、快收慢付是关键的经营技巧。仅仅一天，打通了我过往摸索已久的窒碍。原来只要懂加减乘除，就一定看得懂财报。原来难的不是专业知识，而是少了一位专家，用“中翻中”的方式带你入门，这真的太厉害了！因此在课程结束后，我用“数字力及财务教学第一把交椅”这样的描述，写下了我的心得回馈。

只是MJ老师的课越来越抢手，不是上市公司主管，还真的上不到。他开的少数公开班，也都在很短的时间内就额满了。而像这样的专业知识，听一遍当然不够，最好是有一些书面信息，可以让我们重复阅读，慢慢思考。如果 MJ 老师能写一本书，那就太棒了！

现在，这个愿望终于实现。我有幸先睹为快，写得真好！专业之外，还非常有趣易读，就好像 MJ 老师在你身边跟你对话一样！明明是正经八百的数字力知识，却常常让我看了哈哈大笑。连“猪头”这两个字都在文章里写出来了！哈哈！其实要把这么专业的东西，写得这么通俗易懂，而且还不失原来的专业基础，这背后所要花费的时间跟功力，不用我多说，相信你看了就会明白！

其实书如其人，在专业之外，MJ 的人生经历也十分丰富精彩，不管在专业、生活阅历，还是家庭及子女教育上，都很值得敬佩。我还记得几年前我们第一次见面，他很认真地说：“教人家理解数字，看懂财报，会让我开心又兴奋。”

看着他发亮的双眼，我真的能感受到他对数字的热情。也相信这样的热情，能够感染读者们，让你们融化数字的冰冷，对他更有感觉。我也相信这样有温度的数字，能对我们未来的投资、事业以及人生带来许多不同的启发！

我衷心推荐《用生活常识就能看懂财务报表》，这是一本必买的好书！

（本文作者为《上台的技术》作者、百大上市公司简报教练）

目录

PART

1

看财务报表就是在学语言

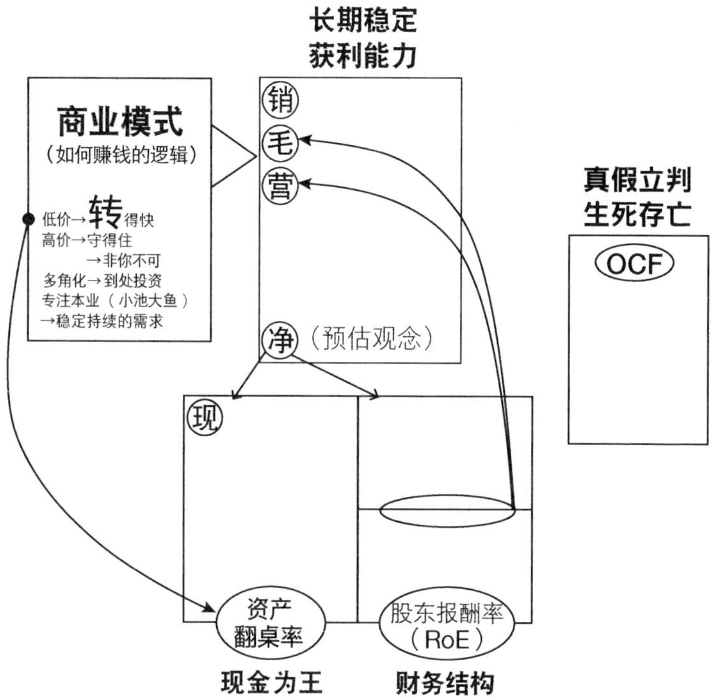
长期稳定
获利能力
商业模式
（如何赚钱的逻辑）
低价→转得快
高价→守得住
→非你不可
多角化→到处投资
专注本业（小池大鱼）
→稳定持续的需求
销
毛
营
净（预估观念）
真假立判
生死存亡
OCF
现
资产
翻桌率
股东报酬率
（RoE）
现金为王
财务结构

财务知识自我测验

您已经投资500万元[①]在股市，其中有250万元的部分有赚到钱，另外250万元的部分亏了些钱。您现在手上的现金不够，需280万元急用。虽然两个部分都会同时处理，但您会……

A. 先卖掉赚钱的？

B. 先卖掉亏钱的？

先记住您选择的答案。

现在，**我们把题目稍微修改一下**。您是一家大型公司的执行长[②]，正面临市场不景气、生意不佳的困境。您有很多不同的事业部，为了让公司活下来，您会……

1. 先卖掉赚钱的事业部？
2. 先卖掉亏钱的事业部？

---

① 1新台币≈0.21人民币。本书中所说的货币，如无备注，所指为新台币“元”。

② 台湾地区的说法，即首席执行官（CEO），是在企业中负责日常事务的最高行政人员。

如果您仔细思考，会发现其实这两个题目是**高度类似**的问题，只是**立场不同**。第一题是站在**个人投资**的角度，第二题是站在**公司经营者**的角度。随着角度不同，相信您心中的答案可能就不相同。

当您站在个人投资的角度时，要砍掉亏损的部位，认列[①]损失金额，人人都会舍不得。多数人在第一题会选择卖掉赚钱的股票，先落袋为安比较重要，且认为亏损的股票只要等待时机，就有机会逆转，如此一来两部分都赚钱。

但类似状况，当您站在公司经营者或职业经理人的角度，要拯救一家业绩下滑的公司时，您会选择卖掉亏损的部门。因为您知道，只有清除公司包袱，让赚钱单位继续生财，公司才有机会存活。

所以，无论是投资理财（个人）还是公司经营（职业经理人），**财务知识在个人与公司经营上的道理是相通的**。但我们平常习惯将公与私切割得太清楚，觉得工作上不需要使用财务知识，加上财务知识不太容易学习，所以将这门日常生活都用得上的知识束之高阁！殊不知，进行个人理财时若缺乏正确的财务知识，用较长远的眼光来看，您的资产不

① 认列为台湾的说法，大陆一般说法为“会计确认”。

会增加，反而会减少，因为您的决策模式与第二题中的职业经理人背道而驰！

所以，即使是个人理财的决策，我们的角色都必须转换成职业经理人，理智地为自己做出正确的决定。**财务报表就是一家企业经营的成绩单，**唯有认识财务报表，才能帮我们在投资（私事）或经营上（公事）做出正确的决定。接下来，让我们一起进入财务的奇妙世界吧！

1-1 财报不能单看一张

您会投资哪一家?

张晓月决定自行创业，因为过去工作多年的经验累积，她决定从事欧洲进口食材生意。她在职场上有熟识的供货商，对方同意货款 30 天后支付。

张晓月的银行存款仅有 1 万元，产品毛利为 40%。初期创业维艰，她用亲人的房子当公司，房租、水电费每个月只要 1 万元。她自己不领薪水，没有聘请员工。为了开发客源，张晓月提供下游客户 60 天的付款条件，吸引新客户。

创业的前 3 个月，每个月的业绩都比前一个月增长 50%，收入扣除成本及营业费用后，除了第一个月小幅亏损 2000 元，第二个月就开始有获利。

苏丽雯工作多年后，终于下定决心创业，想拥有自己的事业。周边朋友都在做早餐店，相处久了也有些了解，于是她也选择从事早餐业。

苏丽雯的银行存款仅有 1 万元，早餐店毛利为 30%。因为主要客源是上班族，她只好在公车站附近找店面，一个月房租加水电费要 3 万元。她自己不领薪水，也没有聘请员工。由于早餐店供货商是朋友介绍，同意给她 60 天付款期。

前 3 个月，早餐店生意非常好，每月营收[①]都比前一个月增长约 50%。她原以为自己创业顺利，立刻就能开始赚钱，没想到第一个月结账后，却意外发现亏损 1.5 万元。虽然第二、第三个月亏损幅度缩小，但仍无法赚钱，苏丽雯不禁开始怀疑自己的创业梦能否成真。

看完张晓月与苏丽雯的故事，再搭配她们创业前 3 个月的损益表（见图 1-1-1），您会投资哪一位？答案我们稍后揭晓。

---

① 即“营业收入”。

图 1-1-1 两家新创公司的损益表

张晓月　新创公司（A）

毛利为 40%（现金增资每股 10 元）

业绩成长

损益表

	1 月	2 月	3 月
销售收入	20000	30000	45000
销货成本	12000	18000	27000
销售毛利	8000	12000	18000
营业费用	10000	10000	10000
净利	(2000)	2000	8000

苏丽雯　新创公司（B）

毛利为 30%（现金增资每股 10 元）

业绩成长

损益表

	1 月	2 月	3 月
销售收入	50000	75000	95000
销货成本	35000	52500	66500
销售毛利	15000	22500	28500
营业费用	30000	30000	30000
净利	(15000)	(7500)	(1500)

从这个故事中，我想表达的观念是：财报不能单看一张，就决定要投资哪一家公司。我们都只看到张晓月及苏丽雯的损益表[①]，并没有看到资产负债表及现金流量表，而这就是一般人普遍的盲点：财报只看损益表。如果您单看一张财报就决定投资，或者与另一家企业结盟，很有可能会发生他们已经濒临破产，您却不知道的状况。

财报是一个立体的概念，所以绝对不能只看一张表。本书也将以损益表、资产负债表、现金流量表三表合看的概念，贯穿全书架构（见图 1-1-2）。

三张表之中，最重要的是现金流量表。说得更明确些，

① 损益表，大陆一般说法为“利润表”。

如果您没看现金流量表，就等于没看财报。因为现金流量表上的数字代表真正有该笔金额流入或流出公司，而资产负债表是当天余额的概念，损益表则是推估的概念。

回到本节开头的问题，如果您选的是(A)张晓月，恭喜您，她已经破产了！

图 1-1-2 三张财务报表要合看

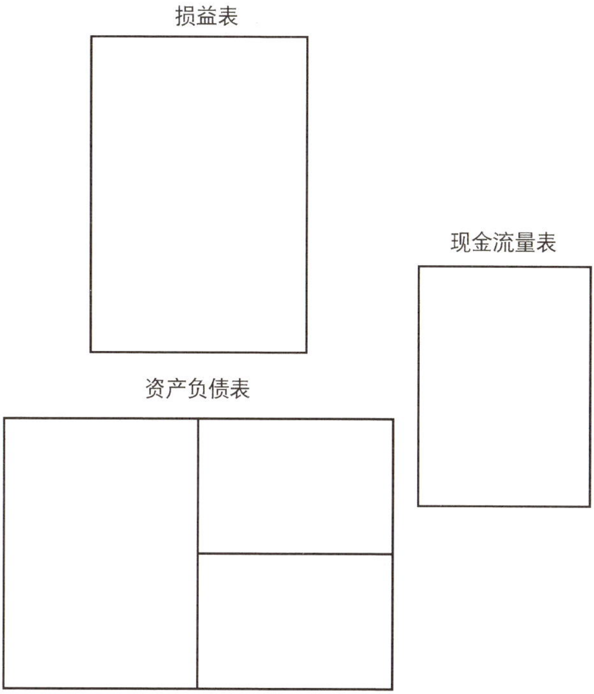

1-2 财务报表是一种语言，难的是“中翻中”

卖菜阿婆也懂财务报表！

很多读者工作三五年之后，都会自修不少财会知识，但学了几年还是一头雾水或觉得太难，于是敬而远之。其实大家的常识，已完全足以理解复杂的财务报表，只是自学的过程中，一次要了解那么多不熟悉的科目，才会被搞糊涂了！

这些艰深难懂的名词，其实没有想象中的难。您只需将财务报表当成一种语言学习即可，难的是“中翻中”的能力。

我们来看看卖菜阿婆是怎么做的，虽然她不懂各大企业的财会专业术语，却掌握了财务报表上的所有重点。

卖菜阿婆怎么知道要卖些什么？她怎么知道要卖水果或卖水产品比较好赚？

这就是产品策略（Product strategy），只是阿婆不会讲专业术语。

每天收摊时，阿婆都会算算今天收了多少钱，顺便跟昨天卖菜的状况比较一下。

这就是销货收入（Revenue / Turnover）与销货分析的观念。

阿婆将今天的收入，减去早上的进货成本，就知道她今天赚了多少钱。

这就是销货收入（Revenue / Turnover）减去销货成本等于销货毛利。而且她完全不用付税，因此毛利等于净利。

阿婆怎么知道她和其他菜贩之间的状况，决定该卖水果或蔬菜，还是要卖其他东西？

这就是产品组合分析（Product portfolio analysis）、竞争者分析（Competitor analysis）的观念。

阿婆怎么知道每天要进多少货？

这就是存货管理（Inventory management）。

阿婆怎么知道摊贩的经营能力好不好？

这就是企业中的周转率观念，例如应收账款周转率、存货周转率、总资产周转率……但阿婆不看这个！她不懂这些艰深难懂的专业名词，阿婆只看空箱率。

例如，每天进 5 箱苹果，收摊时有 5 个空箱；每天进 5 箱香蕉，收摊时只有 1 个空箱。她立刻知道苹果的销量最好，而空箱率就是存货周转率的概念。

阿婆该进一个 100 元的苹果来卖，还是进一个 10 元的苹果来卖？

这就叫客单价分析①（Average selling price analysis）或销货分析。如果阿婆的客单价只有 50 元，那么她该进一个 10 元的苹果来卖，而不是一个 100 元的，因为她知道她的客人买不起，得花很长的时间才有机会卖掉这个高价的苹果。

阿婆卖菜时，怎么知道要和常年往来的批发商谈月结付款，卖东西时则要尽量收现金？

这就是应收应付管理，是营运资金管理（Working capital management）的一环。

---

① 客单价，大陆一般说法为“平均售价”。

阿婆年底会参考一整年的销售状况，以及竞争者是否有赚到钱，还有一些客人的反应等因素，来调整自己摊上明年的产品种类，决定是要继续卖水果，还是转卖牛肉或海鲜。

这就是企业每月一次的经管会议，或是一年一度的启动大会（Kick-off meeting）。

卖菜阿婆从来没有学过财务报表，也不懂会计，却以相同的概念卖了一辈子菜。同样，各位没有学过财务会计等专业课程，却能理解阿婆做生意的方式，因为这些是生活中大家已有的概念，由此可见，您已经一脚踏入了财会领域，对于财务报表的理解，肯定比您自己想象的还要深入。

所以，这些艰深的财会名词，没有想象中的难，只需将财务报表当成一种语言学习即可，难的是“中翻中”。

生活中的数字密码

既然前面提到客单价，那就顺便来测测您的财务常识。请问大家，台湾 7-11 便利商店的客单价大约是多少？

(1) $30　(2) $50　(3) $70　(4) $100　(5) $150

答案是（3）！这可以用常识推导出来。请回忆一下，目前 7-11 多少元消费可以集点一次？答案是 77（元），背后的含义便是 7-11 全台湾的客单价在 70 元上下，为了鼓励大家消费，才提出 77 元消费集点送好礼的活动，希望借此刺激买家，顺便将客户的消费单价往上提。

所以，生活中到处都有商业的数字密码，看您是否能打通您的财务知识任督二脉。

1-3 财报阅读第一招：看懂全貌即可

接下来为大家整理常见的三大报表与相对应的重要会计科目，您只要先看一下，掌握全貌即可，细节会在后续章节中一一加以说明。

◎损益表（Income Statement / Profit & Loss）

顾名思义，有损失、有收益。它告诉我们一段时间内，公司是出现损失或收益。想了解一段时间内，公司是亏钱还是赚钱，就要看这一张叫“损益表”的报表。

◎资产负债表（Balance Sheet）

让我们了解在特定的某一天，公司有多少现金、应收款、存货、固定资产等资产；同时，又欠了厂商多少货款、欠银行多少贷款等负债项目；股东们又出资了多少钱。这些信息集中在一起的报表，就叫作“资产负债表”。

◎现金流量表（Cashflow Statement）

让我们了解公司资金的来源有哪些，同时揭露公司资金最后被用到什么地方等信息。换句话说，现金流量表，就是一张能让大家了解公司资金流入与流出动向的报表。

这就是我们工作中最常听到与看到的三张报表（见图1-3-1）。财务知识要学得好，其中一个很重要的内容，是三张报表要摆在一起阅读，以立体的观念看待（见图1-3-2），才能掌握全貌与相对应的关系。目前请大家先将这三张报表的位置记下来就好，暂时不需理会每张报表的科目，后面的章节会有详细说明。

不必急着背专业名词与科目

大多数人学习财务报表时，都会遇到一些难关，其中最难的就是会计科目，让人背到晕头转向，有应收账款、应付账款、商誉、资本公积、存货……一大堆专业名词。

图 1-3-1 损益表、资产负债表、现金流量表[1]

损益表

- 销货收入
- 销货成本
- 销货毛利
- 营业费用
  - 推销费用
  - 管理费用
  - 研发费用
  - 折旧费用
  - 分期摊销费用
- 营业利益
- 其他收入／支出
- 税前息前盈余（EBIT）
- 利息收入／支出
- 所得税
- 税后浮利（NI）
- 每股盈余（EPS）

现金流量表

- 营业活动的现金流量
- 投资活动的现金流量
- 融资活动的现金流量

资产负债表

现金与约当现金 应收账款 存货 预付费用 其他流动资产 机械厂房设备 土地 商誉 无形资产	应付账款 一年到期之长期负债 长期负债 其他长期负债
	普通股股本 保留盈余 资本公积

（负债与股东权益之间 → 财务杠杆）

① 下一页为大陆相应的三张表单，扩号中为台湾的一般说法。

利润表

一、营业收入（销货收入）
减：营业成本（销货成本）
营业税金及附加
减：销售费用（营业费用）
管理费用
财务费用
资产减值损失
加：公允价值变动收益
投资收益
其中：对联营企业和合营企业的投资收益
二、营业利润（营业利益）
加：营业外收入
减：营业外支出
其中：非流动资产处置损失
三、利润总额（利息收入）
减：所得税费用（所得税）
四、净利润（税后浮利）
五、每股收益[每股盈余（EPS）]

现金流量表

营业活动的现金流量
投资活动的现金流量
筹资活动的现金流量
（融资活动的现金流量）

资产负债表

货币资金（现金与当约现金） 应收账款 存货 流动资产总计 预付账款（预付费用） 固定资产（机械厂房设备） 其他资产 资产总计	应付账款 应付税费 流动负债 非流动负债
	实收资本（普通股股本） 资本公积 盈余公积（保留盈余） 未分配利润

→ 财务杠杆

图 1-3-2 三张报表的立体观

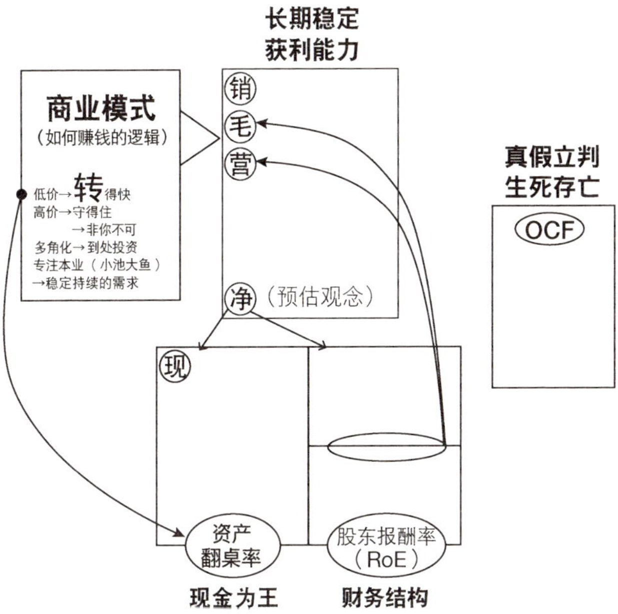

其实您不用背，先看懂即可，就能知道一家公司的财务报表总的来说是否良好。

假设我儿子今年刚好读大学，暑假到了，我叫儿子拿成绩单给我看。他说："老爸，您看不懂的！您学商，我学理工，空气力学、航空学……这些您都看不懂，不用看我的成绩单啦。"

请问我需要懂空气力学、航空学吗？不用，因为我知道60分及格，80分不错，90分很棒！而如果他拿出来的成绩单上写着“18分”，我就可以直接揍下去，因为人人都知道18分是超差！

同理，财务报表就是公司营运的成绩单。所以在学习的第一阶段，您只要能看懂这家公司的财务报表（营运成绩单）是及格或不及格就好。

而且奇妙的是，会计师[①]是一种特殊的行业人士，他拿上市公司的钱（签证／查核[②]服务费用），又要出具查核报告给该上市公司。所以基本上，会计师是一种特殊的行业人士：他跟老板收钱，又要评论这位老板的财报是好是坏！

因此会计师法中规定，会计师不能随便写查核意见，只能在既定项目之中**四选一**。所以，我们只要能理解这四种查核意见的真正含义，就能知道这家公司的财务报表（营运成绩单）是否及格。

---

① 会计师，即大陆通常所说的“注册会计师”。

② 查核，大陆一般说法为“审计”，“查核报告”即“审计报告”，“查核意见”即“审计意见”。

“中翻中”会计师的四种查核意见

◎无保留意见

通常是指，会计师按照一般公认审计准则执行查核工作，未受到限制，且财务报表业已依照一般公认会计原则编制，且有适当揭露时，会计师就会出具这种叫“无保留意见”之查核报告。

四种查核意见中，这是**最好的一种**。

当会计师给出“无保留意见”的查核报告，如果以满分100分为基准，您可以把该公司财务报表的总成绩单视为90分，代表这家公司**表现良好**！

所以，“无保留意见”经过“中翻中”之后，意思是**“毫无保留，心中坦荡荡”**：我这个会计师，在查核我客户公司的财务报表时，没有任何保留，我是坦荡荡地在做这份查核报告的。

◎保留意见

“中翻中”的含义是：我有**难言之隐**，表示会计师认为这家公司有些问题，但不好意思讲。这种有难言之隐的“保留意见”，可以视为60分的成绩单。

◎无法表示意见

“中翻中”的含义是：我**看不懂**。会计师天天与数字为伍，或许具有 20 年以上的资历，他都看不懂了，您又怎么可能看得懂？这种看不懂的“无法表示意见”，可以视为 50 分。

◎否定意见

“中翻中”的含义是：**唬烂**，完全不及格。[①]

运用查核意见来判断

以上四种会计师的查核意见，现在大家应该都知道其中代表的意义了，而且不用背，只要**懂得“中翻中”**即可。换句话说，只要参考会计师的意见，就可以帮助我们省下很多的时间——只有获得“无保留意见”这种查核意见的财务报表，才值得我们花时间继续研究下去。

这招也可以反向运用。如果您合作的供货商或是重要客户的财务报表，会计师查核后给出“保留意见”“无法表示

① 台湾注册会计师有五种查核意见，大陆只有四种，大陆不采用“修正式无保留意见”（Modified Unqualified Opinion），因此编辑删除了这一条款内容。

意见”或“否定意见”，这些代表**有难言之隐、看不懂**或**唬烂**的意见，您就要特别小心，这代表这家公司大有问题，您与这家公司合作时，可能随时会发生断料或应收款变成呆账的问题。

最后要特别说明的是，会计师制作查核报告时，因为有非常多的查核动作需要执行与确认，实务上的作业非常耗时，法规只要求上市公司**一年出具一次**，所以只有在每一家上市公司的年报上，才会看到会计师的四种查核意见之一。

如果您只看公司的季报，因为会计师作业时间有限，无法真正进行查核，所以季报通常只能看到核阅报告——会计师只进行基本的核阅，没有实际去查证核对过。查核报告代表会计师团队有实际到公司，仔细查证、核对过相关账册与账料是否相符。

附录 会计师查核意见标准解释

◎无保留意见（Unqualified Opinion）

会计师按照审计准则执行查核工作而未受到限制，且财务报表业已依照会计原则编制且有适当揭露时，会计师即应出具无保留意见之查核报告。

◎保留意见（Qualified Opinion）

系会计师多加一段说明段，而且在意见段中对查核范围受到限制或会计原则、会计政策之选择或财务报表之揭露，认为有所不当而对该事项有所保留，也就是在查核报告的意见段中出现“除上段所述……外”[①] 之字眼。

---

① 大陆的说法为“除……可能产生的影响外”。

◎无法表示意见（Disclaimer Opinion）

系会计师查核范围受到限制，致会计师无法获取足够及适切之查核证据，且情节极为重大，出具保留意见仍嫌不足者，会计师应出具无法表示意见之查核报告。其将于查核报告的意见段中说明"……对第一段所述财务报表无法表示意见"[①]。

◎否定意见（Adverse Opinion）

系表示会计师对受查公司在会计政策之选择或财务报表之揭露上认为有所不当，且情节极为重大，致出具保留意见仍嫌不足时，会计师应出具否定意见之查核报告。于查核报告的意见段中出现"第一段所述……之财务报表无法允当表达……"[②]之字眼。

---

① 大陆的说法为："由于导致无法表示意见的事项段所述事项的重要性，注册会计师无法获取充分、适当的审计证据以发表审计意见为基础，因此，注册会计师不对这些财务报表发表审计意见。"

② 大陆的说法为："注册会计师认为，由于导致否定意见的事项段所述事项的重要性财务报表没有在任何重大方面按照适用的财务报表编制基础编制，未能实现公允反映。"

PART

2

损益表：告诉您公司到底是赚还是亏

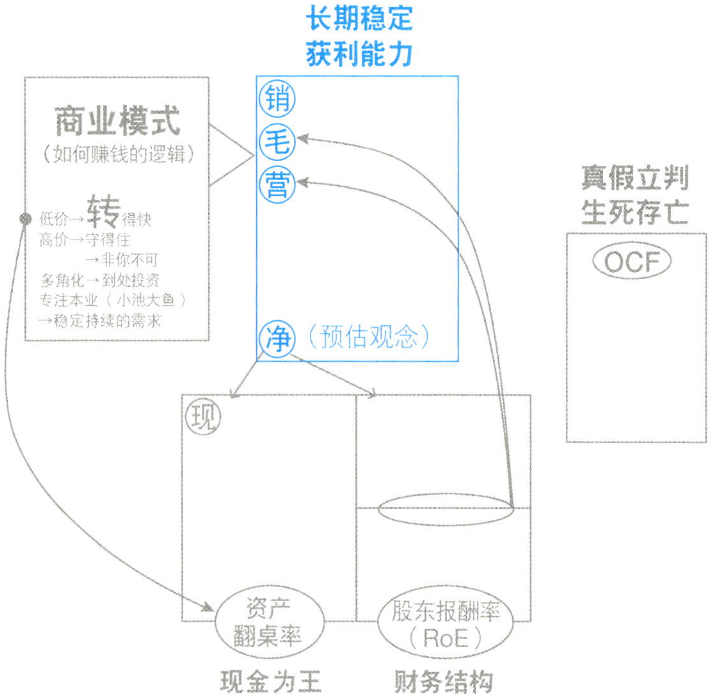
长期稳定
获利能力
商业模式
（如何赚钱的逻辑）
低价→转得快
高价→守得住
→非你不可
多角化→到处投资
专注本业（小池大鱼）
→稳定持续的需求
销
毛
营
净（预估观念）
真假立判
生死存亡
OCF
现
资产
翻桌率
股东报酬率
（RoE）
现金为王
财务结构

2-1 用生活常识推导出正确的损益表观念

前面提到财会的世界中，损益表、资产负债表、现金流量表三张报表非常重要，这个章节要跟大家分享损益表的观念。

损益表的基本观念很简单，就是让您看出一家公司在一段时间内是赚钱或亏钱（损失或收益）。从字面上解读，损益表等于损失或收益的一张报表，所以英文名叫作“P&L”（Profit and Loss）或“Income Statement”。

既然损益表代表一家公司一段时间内的盈亏，那是不是和您自己一段时间内可以存／透支多少钱的观念接近呢？所以我们可以由个人的观念，推导到公司（财报）的观念。

现在请您想想：您一个月能存多少钱？其中的逻辑是什么？

其实很简单，从小到大，我们都有这样的观念：**薪水－费用支出＝您能存下来的钱或透支的钱（损或益）**

换句话说，**损益表＝收入－支出＝账面上赚的钱（损或益）**。

接着我们再分项目看细一点的逻辑，判断您一个月（一段时间）能存多少钱。

（a）首先您有一份固定的薪水（也就是收入）。这笔收入不可能毫不动用，全都存起来，因为我们不是神，生活无处不花钱，对吧?

（b）所以我们需要减去生活上的开销，包含食、衣、住、行、育、乐六大项。

（c）您正准备要存钱，结果朋友发了很多红白帖（意外的支出），让您能存的金额又变少了。换成专业的财会用语，这就是“其他支出”。至于“其他收入”，是指您自己三不五时跑去买彩票，不小心中奖了，属于非本业（工作薪水以外）所带来的收入。

（d）搞定人情世故的红白事费用之后，剩下的钱还不能存，因为您还有车贷、房贷的银行利息要付！换成专业的财会用语，这就是“利息收入与支出”。

（e）接着，您每年还要缴所得税[①]给政府。

（f）最后，由（a）的收入中，扣除了（b）+（c）+（d）+（e）全部的费用，才是您最后真正存下来的钱。

所以，每个月存下来的钱（f）=（a）－（b）－（c）－（d）－（e）。

将个人理财观 Smart Copy 到公司层级

了解一般人存钱或透支的过程之后，我们将它对应到公司层级（见图 2-1-1）。

◎销货收入

薪水是个人收入（a 项），对应到公司版，即为销货收入[②]（A 项）。

---

① 即指个人所得税。

② 销货收入，大陆一般说法为“营业收入”。

图 2-1-1 从个人到企业的损益表科目对照

	个人的损益表科目			企业的损益表科目
a	薪水	→	A	销货收入
b	费用支出	→	B	营业费用
b1	食		B1	推销费用
b2	衣		B2	管理费用
b3	住		B3	研发费用
b4	行		B4	折旧费用
b5	育		B5	分期摊销费用
b6	乐			
c	其他收入／支出	→	C	其他收入／支出
d	利息收入／支出	→	D	利息收入／支出
e	所得税	→	E	所得税
f	（赚）存下来的钱	→	F	税后净利（NI）

◎营业费用[①]

个人的费用支出（b 项），分为食、衣、住、行、育、乐共六项。您一个人就有这六项费用，而公司有几百、几千

① 营业费用，大陆一般说法为“费用支出”。

人，费用也应该会有很多种，因此有推销费用、管理费用、研发费用、折旧费用、分期摊销费用等等。个人有六种费用，公司则有五种费用。

会计复式簿记这套制度，是在后文艺复兴时代，由意大利威尼斯商人所发明的。他们在设计之初，就加了很多防呆机制，所以费用会跟费用放在一起。

公司版的五个费用，等于推销费用＋管理费用＋研发费用＋折旧费用＋分期摊销费用，统称为“营业费用”。它是不是很像个人版的六种费用呢？

所以，个人版的费用支出（b 项），就是公司版的营业费用（B 项）。

◎其他收入／支出、利息收入／支出、所得税

同样，我们生活中有 c、d、e 三项，所以对应到公司，也会有 C、D、E 三项。

这样我们不就以生活中的常识观念，推导出公司损益表 80% 的架构了吗？剩下的 20%，我们可以利用自己工作上的经验去推导。

首先是销货部分（见图 2-1-2），有销货收入，就会有

销货成本[1]。

销货收入－销货成本＝销货毛利

图 2-1-2 公司版的损益表科目

	A	**销货收入**
用工作经验去推导出来的		**销货成本**
		销货毛利
	B	**营业费用**
	B1	推销费用
	B2	管理费用
	B3	研发费用
	B4	折旧费用
	B5	分期摊销费用
用工作经验去推导出来的		**营业利益**
	C	**其他收入／支出**
		税前息前盈余（EBIT）
	D	**利息收入／支出**
	E	**所得税**
	F	**税后净利（NI）**
		每股盈余（EPS）

① 销售成本，大陆一般说法为“营业成本”。

各位有没有看到……财会的世界是一组一组、有逻辑的，也就是说，销货○○之类的项目，都会一组一组放在一起！

接着，有营业费用，就有营业利益，而营业○○的科目，也会一组一组放在一起！

同理，○○费用也是一样的道理，相同属性的科目都会一组一组放在一起，就像食、衣、住、行、育、乐那样，会放在一起思考。

唯一比较难记的是 EBIT（Earning Before Interest and Tax），中文叫**"税前息前盈余"**[1]。其实，这个科目更笨了……它已经自己说出它的位置了！

它是在所得税之前（税前），而且又在利息之前（息前）所赚的钱，因此要放在所得税与利息支出的科目之前。而且，这三个科目一定会放在同一群组，上下顺序也透露出来了。所以，EBIT 的中文翻译才会叫作"税前息前盈余"。

而税后净利（F 项），就等于收入（A 项）扣掉各项费用（B 项、C 项、D 项、E 项）。

其中，税后净利是"总量、总数"的观念，另有一种以"个股"为准的概念，就是每一股份中，公司这段时间到底赚了

① 税前息前盈余，大陆一般说法为"息税前利润"。

多少钱。这叫作**“每股获利”**，或叫**“每股盈余 EPS”**[1]（Earning Per Share）。

损益表观念总结

再次提醒大家，损益表的基本观念，是让您看出一家公司在一段时间内是赚钱或是亏钱（损失或收益）。从字面上来看，损益表是体现损失或收益的一张报表，所以英文名叫作“P&L”（Profit and Loss）或“Income Statement”。

所谓的一段时间，如果是一个月，就叫“月报”，例如1月1日—31日。一季的损益表现，就叫“季报”；半年就叫“半年报”，一年就叫“年报”。

因为是一段时间的损益（损失或收益），所以损益表是流量（会动的）的观念，而不是定量（当天余额）的观念！

换句话说：任何会计科目，凡是与赚钱或是亏钱有关的科目，把它全部放在**损益表**中就对了！然后用个人的观念（您一个月可以存多少钱），就可以推导出正确的公司版损益表（公司一段时间内到底赚或亏了多少钱）。

希望在这个章节中，大家已经学会用生活常识融会贯通，快速理解损益表的基本概念了。

---

① 每股盈余 EPS，大陆说法为“每股收益 EPS”。

2-2 量大不一定最好

营收一年380亿元，大不大？380亿，刚好是茂德公司一年的营收，它倒了！

营收一年500亿元，大不大？500亿，刚好是力晶公司一年的营收，它发生过财务危机。

营收一年1000亿元，大不大？1000亿，刚好是胜华公司一年的营收，它倒了！

所以，**销货收入大，不一定是最好**（见图2-2-1）！

销货收入是公司损益表的第一个科目，它就像是我们的个人收入。当您每个月收入有10万元时，好还是不好？这要看后面的费用支出。如果您一个月的开销是20万元，10万元的收入对您就不好；但若是您的支出，也就是包括食、衣、住、行、育、乐，只有2万元，那么10万元的收入就很好了。

这带出一个重要观念：在财务世界中，**绝对金额没有太多的意义**，相对与分类的观念更重要！

图 2-2-1 数字大未必好

损益表
大不一定好
销货收入
销货成本
销货毛利
营业费用
推销费用
管理费用
研发费用
折旧费用
分期摊销费用
营业利益
其他收入／支出
税前息前盈余（EBIT）
利息收入／支出
所得税
税后净利（NI）
每股盈余（EPS）
现金流量表
资产负债表

绝对数值没有太多意义，充其量代表规模大小而已！

您有没有发现，单看的话销货收入是一个绝对值。在财会领域，绝对值没有太多含义，只有相对值或分类才有意义。就像是收入 10 万元好不好，要看您的支出状况，也就是从相对值或比较值才能判定好坏，或者要进一步将收入做细分才有用（见图 2-2-2）。

这个概念非常重要，千万不要一听某公司营收创新高，就觉得不错！这是不对的观念哟！

还记得营收为 380 亿、500 亿、1000 亿的那三家公司吗，它们好不好？（茂德、力晶、胜华。）

所以损益表有一个重要观念：**量大不一定最好，要先分类营收，才有办法分辨好坏**。因为，即使第一个科目（销货收入）的数字很漂亮，但尚未扣除成本与费用，就还不知道这家公司是否有赚钱能力。

销货收入三大常用分类法

销货收入要如何分类呢？一般有三种最常用的分类法：

图 2-2-2 数字大小是相对性的观念

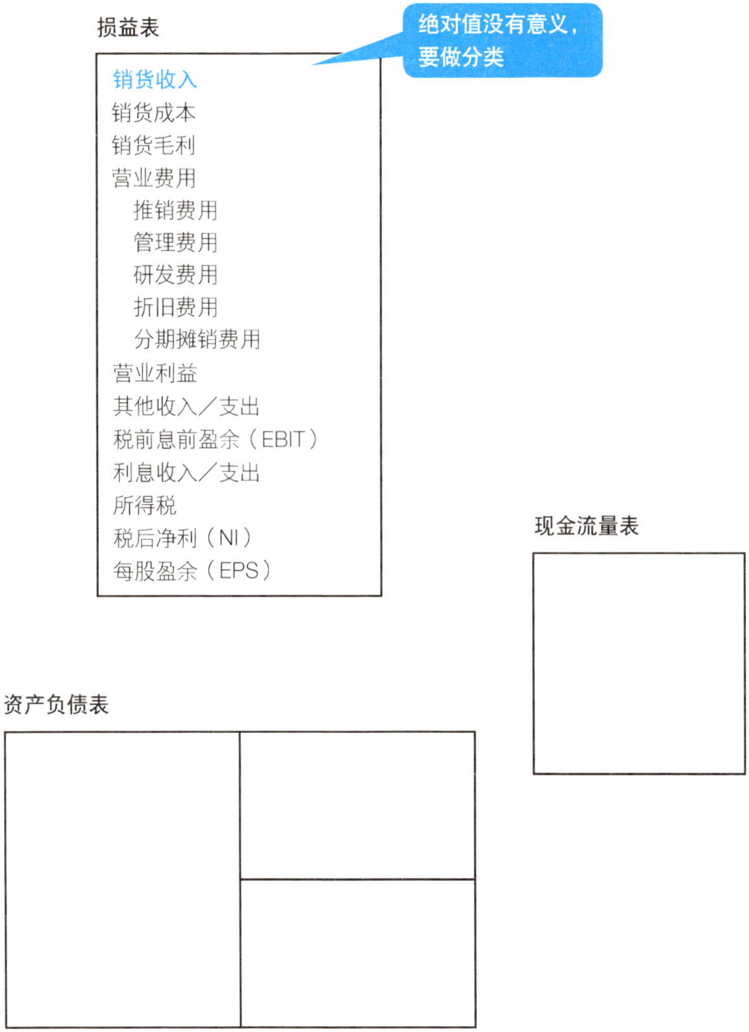

◎依客户区分

我们把客户这样一分，就可以用80 / 20法则的概念去看，分析哪些客户的贡献率是80%。如果收入大部分都来自一个大客户，这可能是好消息，也可能是坏消息，因为一旦大客户转单，就会产生蛮大的风险。做生意就是要长期稳定，所以有了大客户也不能过于高兴。不信的话，回头瞧瞧胜华吧，它都拿到一个大客户——苹果公司，结果还是倒了！

◎依产品线区分

我们依产品线分一分，就知道哪些产品赚钱，哪些亏钱；哪个产品贡献大，哪个贡献少。这样的简单分析，能帮助公司将研发资源做较好的配置。

◎依区域区分

当然是不把鸡蛋放在一个篮子里最好，所以要注意企业是否有分散风险。如果为公司创造营收的客户或区域都很集中，经营的风险就会偏高，因为在真实的商务世界，客户不是您兄弟，不会对您死心塌地不离不弃，客户为了降低供货商风险，时不时就转单已经变成常态。

将细分收入来源作为判断基准

销货收入背后的眉眉角角，既是商机，也是危机；即使量大、收入高，也别忘记去细分收入来源。例如，营收创新高是因为客户吗？是单一客户吗？是区域还是产品线？如果全都压在同一个区域，不是大好就是大坏，风险太高。企业经营追求的是**长期稳定的获利模式**，大起大落有点像是赌场赌博，最好尽量避免。

所以，看见销货收入后，必须有一个观念：不是只看见金额大就觉得很好，还要想办法去搜集资料，看到细处的信息。因此，看见绝对值时，要尽量将它分类，归纳分析出真正的意义。

企业经营必须将本求利，要有做百年企业的思维，永续经营才有价值。损益表虽然能让您知道一家公司的获利能力，但这获利能力要长期稳定，不能只看当下的绝对值。

此外，我们刚才讲到销货收入没有那么重要，为什么？因为营收虽然很大，但尚未扣除成本费用，所以绝对数字没有意义。**要了解营收（销货收入）后面的意义，必须先做分类**，看看哪一种收入比较好。

收入比一比，看谁比较好

我们来看看实际的案例。以下是两家日本上市的社群媒体公司（Social Media）的信息，一家叫作 GREE，有 2100 万左右的会员，另一家是 mixi，会员人数也有 2100 万左右。

GREE 的业绩是 92.72 亿日元[①]，mixi 的业绩则是 39.35 亿日元。如果光看绝对金额，我们只知道 92 亿日元比 39 亿日元大，而且是其 2.36 倍！

所以，绝对数字只能告诉我们规模大小的表面意义。

为了进一步分析，我们可以将收入进行分类，分为①会员收入；②首页广告收入；③其他收入（见图 2-2-3）。

上述三类收入，您觉得哪一种收入比较好？①或②或③？

答案是会员收入。因为会员收入是持续性的，而且一收就是收半年、1 年甚至 5 年，它是长期稳定的收入！

首页广告收入乍看之下很棒，金额又大，但请您仔细思考一下，当公司赚钱、景气好时，这种收入确实很好，可是一旦景气反转，可能就没有客户会下广告了。想想 2008 年金融海啸期间，有多少公司会花大笔预算在雅虎的首页下广告？所以，如果一家公司的营收，是以这种不稳定的收入为主要

① 日元：人民币 = 1 ： 0.066。

来源，它就不具备长期稳定的获利能力。

图 2-2-3 日本两大著名 SNS[①]公司营收内容分类表

mixi	会员人数 2102 万	
营收（円）	金额(亿)	占比
总营收	39.35	100%
❶ 会员收入	5.08	12.90%
❷ 首页广告收入	32.68	83.05%
❸ 其他广告收入（Find Job）	1.59	4.04%

GREE	会员人数 2125 万	
营收（円）	金额(亿)	占比
总营收	92.72	100%
❶ 会员收入	74.62	80.47%
❷ 首页广告收入	18.01	19.42%
❸ 其他广告收入（Find Job）	0.1	0%

数据时间点：2011 年

因此 GREE 的营收是 mixi 的 2.4 倍左右，但 GREE 的股票市值是 mixi 的 4.3 倍多，其背后的主因，就是 GREE 长期稳定的获利能力：它有持续性的营收，也就是会员收入较多，占了总营收的约 80.5%。（当然，后续两家公司的竞争变成 PC 与移动装置平台之争。）

所以，一样是销货收入，内涵却大大不同。下次当我们分析损益表，看见销货收入的时候，记得**不能只比较金额大小**（绝对值的观念），而是要进行分类，才能看出一家公司

① SNS，专指社交网络服务，包括社交软件和社交网站。

的营收质量好不好！

做生意除了将本求利以外，最重要的是永续经营（Going concern），所以损益表的核心观念是：**长期稳定获利能力！**

假设您是房产的业务人员，如果您这个月业绩特别好，是因为租出了100间房子，或者卖了100间房子。两者相比，您觉得哪一种营收的质量比较好？是卖房子的收入好，还是租房子的收入好？

答案应该是租出去比较好，对吧！因为租出去的100间房子，只要别对房客毛手毛脚，下个月至少会有90多间持续租下去，这叫作“长期稳定的获利能力”（有持续性的收入）。台湾人喜欢当包租公，就是因为具有这个特性。

另一方面，卖了100间房子，绝对金额很大，但是这个月能卖出100间，下个月呢？两个月之后呢？也有可能连续3年再也卖不出一间房子了。这种收入叫“一次性的收入”，不可预期，也没有长期稳定，所以房产业务员的流动性很高。

损益表八字箴言：长期稳定获利能力

当您真正读通损益表，其实可以浓缩成简单的八个字：

长期稳定获利能力。

换句话说，我们要从损益表中看出公司是否有这种特性。看财报时，建议要看连续5年左右的财报，才能看出长期发展状态，而且要去分析数字背后的意义，掌握整个脉络，看看是否确实具有长期稳定的获利模式，避免被一时的营收创新高给蒙蔽了。

将这个概念再延伸，只看绝对值没有意义，只看单一科目也没有意义。由于单一科目（销货收入）不能代表公司的获利能力，损益表是看**损与益**，并不能因此定生死，所以只看单一报表是有风险的，要将财务的三大报表——损益表、资产负债表与现金流量表——放在一起看，才能看见全貌。

还记得您在本书 1-1 时，选的是张晓月或苏丽雯吗？

选张晓月的朋友，她已经破产了，所以财务报表只看一张（损益表）其实是很危险的！

损益表分析 Tips

1. 销货收入多，不一定是最好。
2. 光看销货收入的绝对值没有意义，要做分类。
3. 光看单一科目、单一报表没有意义，损益表、资产负债表与现金流量表必须放在一起看。

4. 阅读损益表的关键：判断公司是否具有长期稳定获利能力。

2–3 收入、成本和费用，哪一个重要？

前面说明了销货收入的概念，接着我们来看看如何提高净利。[1]

从损益表可以得知：

	收入
—	成本
—	费用
	净利

企业经营就是要提高净利，根据上面的算式，可以发现提高净利的方法有两种：增加收入，以及降低成本或费用。到底哪一个重要？要选择开源，还是节流比较好呢？

两者其实都重要，但由于企业资源有限，不可能什么都做。收入、成本、费用，如果只能三选一，您会优先选哪一项？请记住您的答案。

① “净利”即净利润。

鱼与熊掌的抉择

鱼与熊掌不可兼得，每个行业都有自己不同的考虑，选什么答案都算对，但是本书想要带给您一个观念。

选择销货收入，恭喜您，这就像是搭电梯往上，如果地基打得好，可以一直抵达一两百层，楼高不受限制。

选择成本或费用，这也没错，但要跟您报告一下，您未来的路会越来越窄，就像是搭电梯往下，只能从 B1 至 B10。因为，**不管您怎样省、抠门到极限，成本与费用也一定要大于零吧！**即使您的用料从色拉油变成化工调制油，成本已经非常接近零，一旦被客户发现，对产品质量与企业形象的杀伤力也很大！**过度的成本管控，终究会伤害公司对外的品牌形象。**

而且，如果一家公司只会采用电梯向下、降低成本或费用的做法，也会对公司内部士气产生不好的影响。举例来说，市场景气时，公司的茶水间什么都供应；市场不景气时，公司的管理部门会先收掉最贵的咖啡，然后收掉茶包，接着不再免费供应白开水，室温 40℃才能开冷气……

多数员工都会持续忍耐，没想到管理部门又动了厕所卫生纸的主意，原本是无限量供应，改成一次两张，然后是只供应周一、周三、周五，周二、周四不供应。您如果是员工，您会不会不爽？可想而知，当然不爽！

请问上述取消咖啡、茶包、供水、卫生纸的做法，是在节省什么费用？答案是，管理费用！

但这种省法，其实一个月省不到几万元，却将最有生产力的员工给惹毛了！大家都会找各式各样的理由偷懒，因而造成的生产力损失，可能是数百万到数千万元不等，得不偿失啊！**过度的费用管控，会伤害公司内部的员工士气。**

所以，如果过度压低成本或费用，有可能最后会走进一条死胡同。

不过还是要特别讲一下。成本与费用重不重要？当然重要，一定要省，一定要控制！但过程要合理，也要合情！因为如果控制过头，减成本就变成偷工减料，减费用就等同降低士气！

正确的成本与费用管控观念：
花更多的钱，提出更赚钱的方案

再看一个例子，媒体曾经报道过 iPhone 6 在美国制造与中国大陆制造的成本比较（见图 2-3-1），美国制造只比中

图 2-3-1　iPhone 6 制造成本比较

计算前提：

- 提供美国本地 iPhone 消费市场
- 仅将制造服务（人力、电力、支援）移至美国进行终端产品组装生产，零组件材料供应链并未移动
- 以 4.7 英寸[①] iPhone 6 64G 版本计算

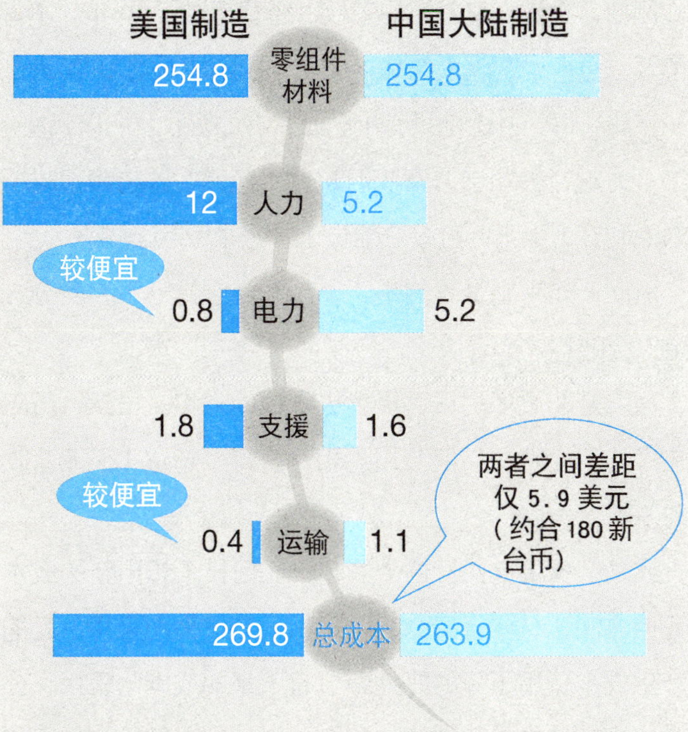

※ 资料来源：“工研院”IEK

注①（1 英寸 =2.54 厘米）

国大陆制造的成本高出 6 美元。中国台湾过去不就是专注于降低成本，借此取得订单吗？努力 40 年来取得成本优势，大陆 15 年就追上了，而且我们毫无招架之力，只好拱手让人。

所以要增加净利，还是建议着重于收入，成本费用只做适当的管控。因为成本与费用管控的最新观念，应该是：**花更多的钱，提出更赚钱的方案！**

例如，我是一家公司的老板，经营超过了 10 年。不管是否景气，每个月营收大约是 1 亿元，团队成员这 10 年来试了很多方法，每个月还是只有 1 亿元左右的营收。所以我决定：从这个月起，公司当月营收若超过 1 亿元，该超额营收所产生的毛利，一半当月直接分给员工，一半留存公司。

请问，如果您是我的员工，会不会想拼一下，多分一点奖金？会吧！

这就是花更多的钱，提出更赚钱的方案。虽然给员工发出更多的奖金费用，但公司也相对获得了超过 1 亿元营收毛利的 50%。

或是，我决定：从这个月起，任何员工想出新的成本费用管控方法，只要合情合法合理，一旦被公司采用，且能真正产生成本费用下降的好处，节省下来的成本与费用，公司将直接提供 10% 给当事人；另外 20%，则提供给该员工所属的团队。如果您是我的员工，您会全力以赴提出好点子吗？会吧！

这也是花更多钱，提出更赚钱的方案！即使多花了 30% 的奖金费用出去，公司实质上还是省下了另外的 70%！

希望大家带着这个新观念，走出只拼成本、只拼费用管控的工厂思维经营模式。

开源或节流没有标准答案

所以，针对增加收入还是成本与费用管控更重要，这个问题我没有标准答案，只有建议答案。换句话说，提高收入、降低成本与费用都重要，但比例要放对。40% 放在成本与费用的管控上，其他资源放在创造价值上，这才是长期经营稳定获利的较佳方向。

要创造哪些价值呢？通常有两个方向可以努力：

◎增加收入

包括公司的收入与客户的收入，都能为自己公司带来更高的价值。

◎增加新产品

无论是为公司增加新产品、新市场、新应用还是新领域，总之将饼做大，而不只是一直低价抢单，争食现有的红海市场。

不妨从这些方向找出公司的优势，然后投入资源，提高销售收入，并且创造更高的利润。

如果您想观察一家公司的潜力，则可以从资料中分析这家公司是选择增加收入还是降低成本与费用，看看其中的比例与做法，就可以推估出它未来是否具有长期稳定的获利能力。

2-4 公司有赚钱，为什么却倒闭了？

损益表虽然是告诉您一家公司是赚钱还是赔钱的报表，但它只是**预估的观念**，因为**净利不等于现金**。为什么？

想象一下，现在给您看任何一家上市公司上个月的损益表（月报），请问该公司损益表下的第一个科目——销货收入，是确定还是不确定的数值？

答案是，不确定的！

因为大部分上市公司都不是现金交易，即使这个月有1000万元营收，也可能因为质量问题，没多久就被客户要求退货或要求折让，进而更改了损益表中的销货收入金额。而且实务上，多数公司都采用应计基础，很少有公司采用现金基础。

NOTE

- 应计基础：产品交付给客户后，不管有没有收到货款，这笔交易就记录下来。交易发生后，应该记录下来就记下来，叫作“应计基础”。
- 现金基础：只在现金交付后，才将一笔交易列入销货收入，叫作“现金基础”。

因此，损益表上销货收入的金额，不是 100% 确定的，而是预估的概念（见图 2-4-1）。

净利不等于现金

很多朋友看损益表通常只看净利，认为公司很赚钱，每到年底就常在洗手间或吸烟区听到有同仁说：“公司今年这么赚钱，为什么不多发点奖金或加薪？”

真正的原因是，除了景气起伏不定，公司为了将来着想，会预留一些获利以备不时之需外，最主要的误解，是因为这些朋友都以为净利等于现金。

其实，净利不等于现金。

图 2-4-1　损益表并非 100% 确定的资料

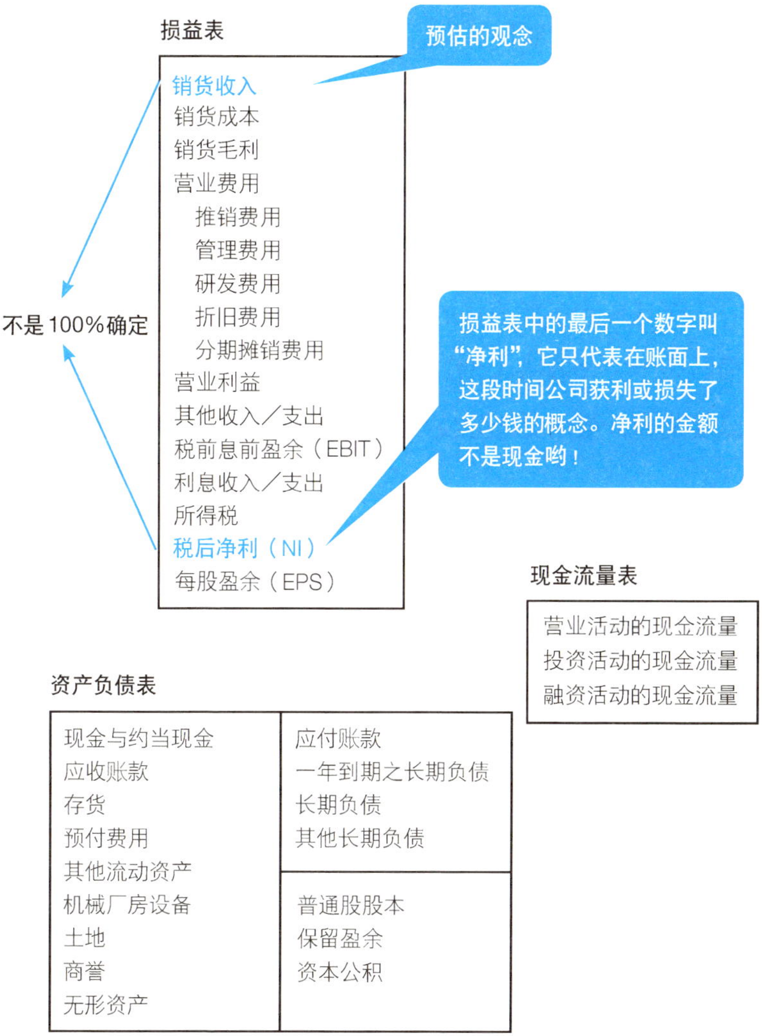

损益表中的最后一个数字叫“净利”，它只代表**在账面上**，这段时间公司获利或损失了多少钱的概念。净利的金额，并不是现金的金额！

因此，即使**一家公司损益表上显示很赚钱，并不等于公司手上有很多钱**。损益表只是一个预估的概念，所以才有所谓的“黑字倒闭”事件：损益表上有获利，但公司却倒闭了，因为**净利≠现金**。

而且，大多数公司的销货收入并不是收现金。所以看见损益表上公司收入大增、净利高，不代表手上有很多现金可以发奖金，更何况部分公司的损益表还有可能作假呢！

做假账的第一招：在损益表上下其手

我们来看一下真实的做假账故事（为让读者容易了解，个案中的数字与细节已被简化）。

WM（Waste Management）是美国一家垃圾处理公司，新的执行长接手后，第一年销货收入比前 5 年公司的平均值多了 500 万美元，但由于费用也增加了 500 万美元，所以第一年该执行长的表现平平，因为净利依旧是 1000 万。

在国外，执行长任期通常不长，因为都是绩效导向！第一年表现不佳，第二年通常就会被换下台了。这位表现不佳的执行长很紧张，到处想办法，结果财务长向他投诚，出了一个点子：

财务长：老板，我带您去看一样东西！垃圾车！

执行长：这有什么好看的！我们公司有很多这种垃圾车啊！

财务长：老板，这辆垃圾车，不一样！

执行长：哪里不一样？还是垃圾车啊！

财务长：老板，这辆垃圾车，不一样的地方是它已经 5 年了，而且状况很好！

执行长：车子能用 5 年很正常啊，有什么特别好说的！

财务长：老板，是这样的，因为公司有 1000 辆这种垃圾车，每辆造价 10 万美元，1000 辆共值 1 亿美元。依法规与相关费用处理准则规定，这种车辆的折旧年限可以采用 3 ~ 10 年，前一任的执行长采用了三年折旧加速折旧法，一年折旧费用为 3333 万美元。现在这辆 5 年的车，车况不错，我们可以改变折旧方式，这样获利就能成长很多！

执行长：这样合法吗？

财务长：可以的，只要在折旧费用项目旁边备注一下就可以。例如“注 #1：本公司因为采用某某公司先进设备维修系统，原垃圾车使用寿命，由 3 年延长为 5 年。”

所以财经界才会流传一个笑话：财务报表中，字愈小愈重要！小于 6 号字的部分，超重要！这指的就是每个科目旁小小字号的批注文字。

折旧费用原本是使用 3 年，每年折旧 3333 万美元（1 亿 ÷3 年＝ 3333 万美元 / 年），变成可以使用 5 年，每年折旧改为 2000 万美元（1 亿 ÷5 年＝ 2000 万美元 / 年），省了 1333 万美元。

就这样，即使第二年公司营运没多大起色，只靠在折旧费用上动手脚，净利就增加了 1333 万美元，相当于 133% 的增长。

第三年，他们一不做二不休，直接改成 10 年，一年只要折旧 1000 万美元，公司获利又增加了 1000 万美元，相当于 43% 的增长。整个过程详见图 2-4-2。

最后他们东窗事发，被判刑几个月！理由是恶意误导投资大众，加上没有符合**一致性原则**——会计制度要有一致性，不能变来变去，否则每次会计制度变更，财务报表就会受到恶意操控，被有心人士故意扭曲及美化。

图 2-4-2　WM 公司损益表

（单位：万美元）

	过去 5 年平均	新执行长第 1 年	新执行长第 2 年	新执行长第 3 年
销货收入	$15000	$15500	$15500	$15500
销货成本	(5900)	(5900)	(5900)	(5900)
销货毛利	$9100	$9600	$9600	$9600
营业费用	(8100)	(8600)	(7267)	(6267)
推销费用	(1100)	(1600)	(1600)	(1600)
管理费用	(1000)	(1000)	(1000)	(1000)
研发费用	(1400)	(1400)	(1400)	(1400)
折旧费用	(4000)	(4000)	(2667)	(1667)
分期摊销费用	(600)	(600)	(600)	(600)
营业利益	$1000	$1000	$1000	$1000
利息收入 / 支出	$0	$0	$0	$0
所得税	$0	$0	$0	$0
税后净利	$1000	$1000	$2333	$3333
			↑ 1333 万	↑ 1000 万

※为教学方便，以观念正确为主。
实际折旧费用需先扣除前期已分摊金额，余额再依新的可用年限进行折旧。

从这个被简化的案例，便能说明损益表是一个预估的概念！

它不是一张 100% 确定的报表，如果您在看财务报表时，只看这张报表，那就非常危险了！

很可惜的是，很多朋友通常只看这一张报表！而且还只看营收大不大（只有绝对值的观念，您还记得 380 亿、500 亿与 1000 亿的倒闭故事吗？）、获利高不高，却鲜有人知道净利是推估的观念，净利不等于现金。

所以，从今天起，请您看财务报表时，一定要三张一起看，才不会被误导。因为损益表是一张推估的报表，它不是 100% 确定的哟！

为何沃伦·巴菲特一次要看 5 年财务报表？

前面提到，损益表是让您知道公司在一段时间内有没有赚钱，判断它到底是损失还是收益的报表，所以叫损益表。这张报表也是一张能让您看到一家公司有没有**赚钱能力**的报表，所以它的核心在于**“长期稳定获利能力”**。

既然要长期稳定，一定要看一段时间，这段时间最好是 5 年。

为什么是5年？因为景气起起伏伏，通常5年是一个循环。长期观察一家企业的损益表时，才可以看出问题与机会。

一家公司的毛利稳定下跌是合理的，因为客户会一直要求降价，毛利就会稳定下跌。就像我们买手机，手机会越来越便宜，毛利被市场与竞争压缩。所以，毛利慢慢下跌属于正常的商业状况。

如果发现5年内毛利缓步上升，这表示公司有持续在做产品的研发与升级。新产品会创造新的市场，或是带动新的需求，每推出新产品，就会带动毛利往上升一点，这也是合理的。

若是这5年期间，毛利由原本的10%，突然连续2年增为70%，请问这可能是因为接到大客户的订单吗？不可能！因为大客户多半是烂客户，而且量大就一定会要求您降价，大客户不可能让您赚到这么高的毛利！当一家公司的毛利，由原本的10%突然拉高到70%，多半是因为公司转型到别的领域。例如，原本是卖3C产品，近几年改卖生物技术产品。只有转型了，才比较可能有超乎原本行业的高毛利产生。

同理，5年期间，毛利由原本的60%，突然连续2年减为20%。除了表示公司内部产品研发出了问题，或是重要团队异动之外，还有一种可能：原本行业的竞争雷达图中，出现了未知的新竞争者，把市场打烂了。例如，出租车行业出现了UBER；导航硬件的Garmin、TomTom起初具备高毛利，但在原本不相关的Google开放了免费的导航与图资服务后，这些公司的毛利就出现急速下滑。

财报是企业经营的成绩单，经营的优劣就像是人体的健康，不太可能一夕由好转不好，或是由不好转好。同理，财报也不可能出现青蛙变王子或王子变青蛙的戏码，除非发生重大突发状况。

所以，财务报表要看连续5年，才能推测出企业的真实状况。这也是为何股神巴菲特看财务报表时，一次要看五年的原因之一。

2-5 决策帮手：损益两平点

损益表不只能让您看出一家公司在一段时间内的盈亏，它还有其他用法。其中之一，是用来计算出损益两平点，提供经理人在做决策前的速算利润,或作为快速决策时的参考。

不赚不赔的平衡点：损益两平点

为了推导出损益两平点，第一个步骤要先学会分类：将成本与费用分成固定和变动两类。

◎固定类（成本或费用）[①]

指的是不管产品卖出多少个，这些成本或费用不会随着销量增加而增加，它都是固定的。例如，房租费用，或是总部的后勤人员薪资与水电费等费用。

① 即“固定成本”。

◎变动类（成本或费用）[1]

指的是随着销量的增加或减少，这些成本或费用也会跟着增加或减少。例如，直接材料费用、直接人工费用、产品的进货成本……

有了固定与变动的观念后，我们来看看这个例子。假设有一家公司的损益表如图 2-5-1 所示：

图 2-5-1 某公司损益表

销货收入	$120000
销货成本	$59000
销货毛利	$61000
营业费用	$51000
推销费用	$11000
管理费用	$15000
研发费用	$15000
折旧费用	$4000
分期摊销费用	$6000
营业利益	$10000
利息收入 / 支出	0
所得税	0
税后净利	$10000

图 2-5-2 成本与费用的细项

细项分类		固定类	变动类
销货成本	直接人工 直接物料 制造费用	制造费用 $35000	直接人工 直接物料 $2 / 个
营业费用	推销费用 管理费用 研发费用 折旧费用 分期摊销费用	$15000	$3 / 个

※假设卖价为 $10 / 个，共卖出 1.2 万个

① 即“变动费用”。

我们可以得知销货成本总共为 59000 美元，其中销货成本又有细项的科目（见图 2-5-2），包括直接物料、直接人工、制造费用。这三个科目，就是一般工厂同仁口中成本的“料、工、费”等说法。

假设这家公司本月总共卖出了 1.2 万个产品，每个产品平均卖价 10 美元，总营收是 12 万美元。

接下来，我们要将成本与费用，分成固定与变动两个类别。

假设销货成本为 59000 美元，可以分成固定成本 35000 美元、变动成本 24000 美元。

其中，变动成本 24000 美元的算法是：卖出 1.2 万个，乘以每一单位的变动成本 2 美元。

12000 个 ×2 美元 / 个＝ 24000 美元

所以，固定成本＋变动成本＝销货成本[①]，也就是59000 美元。

35000 美元＋ 24000 美元＝ 59000 美元

---

① “销货成本”即指总成本。

接下来看费用部分。营业费用是 51000 美元，包括推销费用、管理费用、研发费用、折旧与分期摊销等五种常见的费用。假设您可以清楚地分类，抓出固定费用是 15000 美元，变动费用是 36000 美元。

其中，变动费用 36000 美元是卖出 1.2 万个产品所产生的费用，所以两者相除就是每一个产品的变动费用。

$$\frac{36000\text{ 美元}}{12000\text{ 个}} = 3\text{ 美元 / 个}$$

将原始成本与费用分成变动与固定两大类之后，接着就来做分析。

所谓损益两平点①，就是**不赚不赔的平衡点**！它代表的是**数量的观念**。

然后，我们需要一些简单的参数定义：产品价格（Price）简称为“P”，销售数量（Quanity）简称为“Q”，总收入（Total Revenue）简称为“TR”，总成本（Total Cost）简称为“TC”。

“不赚不赔的平衡点”换句话说，等同“总收入＝总成本”，这就是损益两平点。

我们以图 2-5-1 为这家公司来做个示范。

---

① 损益两平点，大陆一般说法为“盈利临界点销售量”。

◎总收入（TR）

TR ＝ P（价格）×Q（数量）=10 美元 / 个 ×Q

◎总成本（TC）

由表上得知，固定类的成本与费用是 35000 ＋ 15000 ＝ 50000，变动类的成本与费用是 2 美元 / 个＋ 3 美元 / 个＝ 5 美元 / 个，所以套入公式里，就是：

TC ＝固定类＋变动类＝（35000 美元＋ 15000 美元）＋（2 美元 / 个＋ 3 美元 / 个）×Q ＝ 50000 美元＋ 5 美元 / 个 ×Q

◎损益两平点

让总收入＝总成本，即为不赚不赔的平衡点。套入公式里，就是：

10 美元 / 个 ×Q ＝ 50000 ＋ 5 美元 / 个 ×Q，推导出 Q ＝ 10000（个）。

换句话说，卖出 1 万个才不赚不赔，这叫损益两平点。如果这家公司要赚 5000 万美元，就设定 TR － TC ＝ 5000 万美元。

这样的概念可以怎样运用呢？实际请教您几个问题，您就能了解了。

如果公司一个东西都卖不出去，每个月会亏多少？

答案是，固定类的成本与费用：5 万美元。

每卖一个产品赚多少钱？

算法是，售价－变动成本－变动费用，也就是 10 － 2 － 3 ＝ 5，所以每卖一个产品赚 5 美元。这个 5 美元，就叫单位边际贡献。

如果这个月公司总共卖出 12000 个，赚多少钱？？

由于 1 万个不赚不赔，现在卖出 1.2 万个，代表多卖出 2000 个，每卖一个赚 5 美元，所以共赚 2000×5 ＝ 10000，也就是获利 10000 美元。

如果这个月公司总共只卖出 7000 个，赔多少钱？

由于要卖出 1 万个才不赚不赔，现在只卖出 7000 个，有 3000 个缺额，每个少赚 5 美元，故公司这个月会亏 3000×5 ＝ 15000，也就是赔 15000 美元。详细的推导过程如下：

利润＝总收入－总成本－总费用＝（7000×10）－（35000 ＋ 7000×2）－（15000 ＋ 7000×3）＝－ 15000

损益两平点试算

用一样的概念，我们来开一家餐厅看看。假设这家餐厅的背景资料如下：

每月营业额 75 万元，所以一年的营业额是 900 万元。餐厅占地 30 平方米，有 24 个位子。假设餐厅毛利约为 30%，销货成本为一年 630 万元（900 万元 ×0.7）；人事费用占 20%，一年 180 万元；租金占 10%，一年约为 90 万元；折旧费用与分期摊销费用一年约为 40 万元，其他费用是 14 万元。

这样，全年是赚是赔？

加加减减后，发现成本大于营业额，所以是赔钱。那要怎样赚钱呢？这时我们就可以用损益两平点来进行快速分析。

使用损益两平点时，首先记得要先分类。上述数据分类之后，如图 2–5–3 所示。

我们用同样的 TR = TC 公式，重新推导它的损益两平点。多次移项之后，可得出以下算式：

- 第一步：TR = P（价格）×Q（数量）

  = 固定成本 + 变动成本 = TC

图 2-5-3 某餐厅的成本分析

单位：新台币万元

		固定成本	变动成本
销货成本[①]	材料费	0	630
营业费用[②]	人事费用	70（正职）	110（工读生）
	店面租金	90	0
	折旧费用及分期摊销费用	40	0
	其他费用	0	14
总计		**200**	**754**

- 第二步：P×Q－变动成本＝固定成本

- 第三步：$P\times Q\left(1-\dfrac{\text{变动成本}}{P\times Q}\right)=\text{固定成本}$

- 第四步：$\text{损益两平点的业绩}=\dfrac{\text{固定成本}}{\left(1-\dfrac{\text{变动成本}}{P\times Q}\right)}$

接着代入数字，将固定成本 200 万元、变动成本 754 万元、

① “销售成本”即“营业成本”。

② “营业费用”即“销售费用”。

原先一年的营业额 900 万元套入 P×Q，可得出损益两平点一年的营业额，等于 1232.9 万元。

一年有 12 个月，代表每月的业绩目标应设为 102.7 万元（1232.9 万元 ÷12 个月）。

如果客单价是 300 元，每个月营业 25 天，等于一个月要卖 3428.6 份（102.7 万元 ÷300 元），每个营业日要卖 137.1 份（3428.6 份 ÷25 天）才达到损益两平。

这家店只有 24 个座位，代表每个座位每天要有 5.7 位点餐的客人（136.9 份 ÷24 个座位），才能达到最基本的不赚不赔、损益两平点。

有了这个数字，您在管理店务时，就可以直接和工读生说：只要每个座位一天来客量超过 8 位，大家就可以分奖金！

简单讲，这就是用数字来管理自己的店面，让店内的伙伴了解到，原来一个座位一天要有 5.7 位客人光顾才能打平！所以大家要一起多想想营销手法,吸引更多客人到店内消费。

您看，有了数字能力，世界是不是变得有趣多了！

PART

3

资产负债表

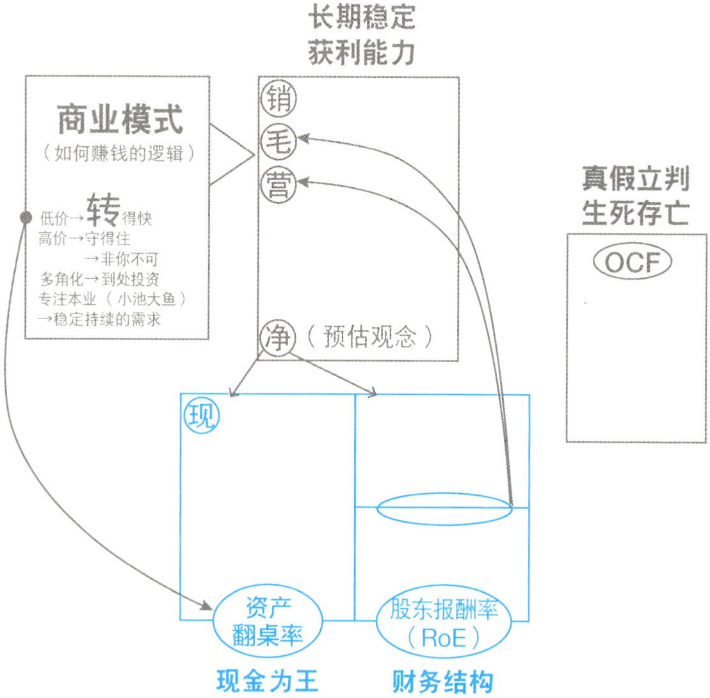
长期稳定
获利能力
商业模式
（如何赚钱的逻辑）
低价→转得快
高价→守得住
→非你不可
多角化→到处投资
专注本业（小池大鱼）
→稳定持续的需求
销
毛
营
净（预估观念）
真假立判
生死存亡
OCF
现
资产
翻桌率
股东报酬率
（RoE）
现金为王
财务结构

3-1 资产负债表的基本概念

资产负债表（Balance Sheet）这张报表，主要说明一家公司在经营事业时，拥有多少资产、积欠供货商与银行多少债务，以及向股东拿了多少钱来经营事业。

它的英文直译为“平衡的报表”，也是一般人熟知的“会计恒等式”观念，“中翻中”叫作“左边等于右边”：

资产（Asset）＝负债（Debt）＋股东权益[①]（Equity），简写为“A＝D＋E”（见图 3-1-1）

不过，以上是传统学校老师的教法，其实有更容易理解资产负债表的方式。

想象一下，如果您存到第一桶金，您可能有很多事情想做，我们可以套用财务报表的思维，由损益表推估出资产负债表。

① 股东权益，大陆一般说法为“所有者权益”。

图 3-1-1 资产＝负债＋股东权益（A＝D＋E）

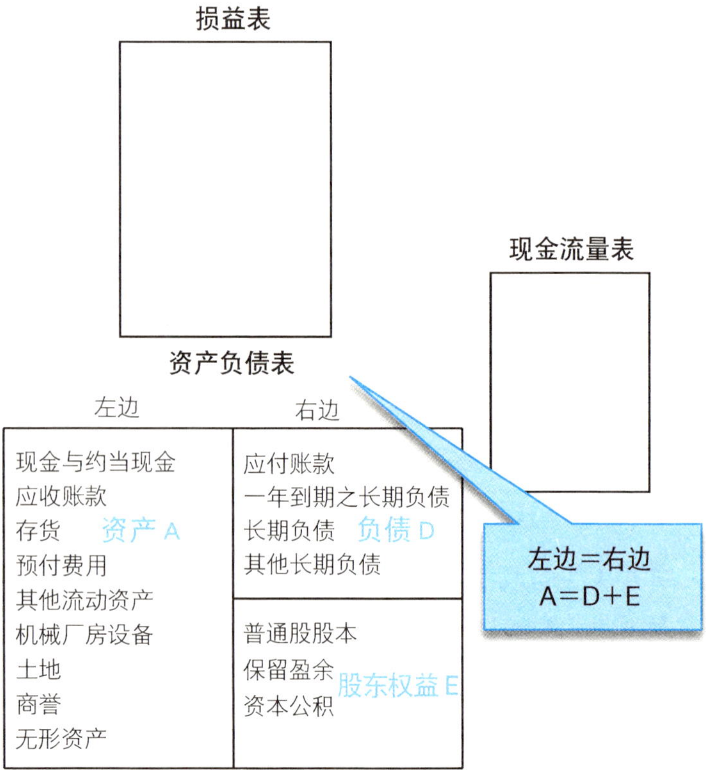

您个人存了第一桶金，相当于公司损益表上赚的第一桶金。

有钱之后，兵分两路。**钱往左边走，叫资产投资，**专业术语叫“投资策略、资产配置、资本支出”等；**钱往右边走，叫处理债务**，专业术语叫“融资策略、财务结构、财务杠杆”等。

所以由个人的角度思考，就可以推导出资产与负债的概念。我们依此来试着用常识来“中翻中”，将个人有钱之后想做的事情分类。先从左边的资产投资项目开始：

a. 您应该会考虑要留点现金在手上，“中翻中”叫作**现金或约当现金**。
b. 也许会借钱给好朋友？翻译后就是**应收账款**。
c. 有些人会考虑买车、换车吧？因为车子是会移动的资产，“中翻中”就是**流动资产**。
d. 您会不会跟会？投资一年以上的股票或基金？因为这种常会被“套牢”，所以翻成中文是**长期投资**。
e. 您会不会买地、买房？这翻成中文是**固定资产**。
f. 此外，您会不会继续进修、出国读书？翻成中文是**无形资产**。

接着，我们来看右边的处理债务项目：

g. 欠钱总是要还，“中翻中”叫作**应付账款**。

h. 如果是像车贷、房贷这种债务，翻成中文是**长期贷款／长期负债**

您看，个人有钱之后做的事情，也是有兵分两路的规划呢！所以，这些一般人都会做的事情，其实可以套用在公司的资产负债表科目上（见图 3–1–2）。只要从常识去推导，经过“中翻中”之后，您就能立刻了解资产与负债的概念。

公司的资产负债表

公司跟您一样，有钱之后也会兵分两路，处理资产与负债项目。

公司赚钱的金额，在损益表上是以净利（NI）这个科目呈现的。不过要再次提醒大家，净利是推估的观念，并不是真正的现金，但为了让读者了解资产负债表的由来，所以用上述的常识教学法，让您能快速进入财务报表的殿堂。

我们同样以“中翻中”的概念，对公司使用第一桶金（净利）的行为进行分类（见图 3–1–3）。

图 3-1-2 个人资产负债表 VS. 公司资产负债表

个人的损益表

薪水
费用支出
　　食
　　衣
　　住
　　行
　　育
　　乐
其他收入／支出
利息支出
所得税
（赚）存下来的钱

公司的损益表

销货收入
销货成本
销货毛利
营业费用
　推销费用
　管理费用
　研发费用
　折旧费用
　分期摊销费用
营业利益
其他收入／支出
税前息前盈余（EBIT）
利息支出
所得税
税后净利（NI）
每股盈余（EPS）

兵分两路

个人资产负债表

左边（资产）	右边（负债）
a.留点现金在手上	g.把欠人的钱还一还
b.借钱给好友	h.还车贷
	i. 还房贷
c.换／买车（2轮变4轮）	
d.跟会／股票／基金投资	
e.买房／买地	
f.出国读书（投资自己）	

兵分两路

公司资产负债表

左边（资产）	右边（负债）
A.现金与约当现金	G.应付账款
B.应收账款	H.一年到期之长期负债
存货	I.长期负债
预付费用	其他长期负债
C.其他流动资产	
D.机械厂房设备	普通股股本
E.土地	保留盈余
商誉	资本公积
F.无形资产	

图 3-1-3 公司净利分类

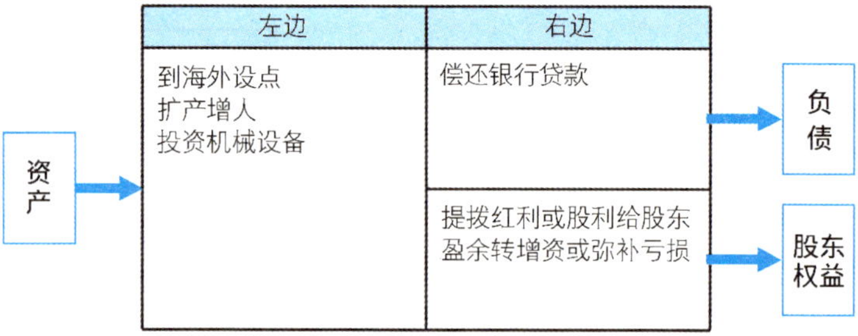

这些动作也是兵分两路，往左是处理资产项目，往右是处理负债与股东权益。这就是资产、负债与股东权益的概念，将三张财务报表摆在一起思考的立体观，请见图 3-1-4。

流量与存量的观念

如果您去刷存折本，刷出来的金额叫作“当天余额”，这就是资产负债表的概念。报表的左边是资产，右边是负债，一边一半的样子，是不是也很像存折？把两者联系在一起，就能轻松记住资产负债表是“当天余额”的概念。换句话说，资产负债表是“存量”“定量”的概念（当天余额），而不像损益表是流量（一段时间）的概念。

图 3-1-4 公司净利分配的财报立体观

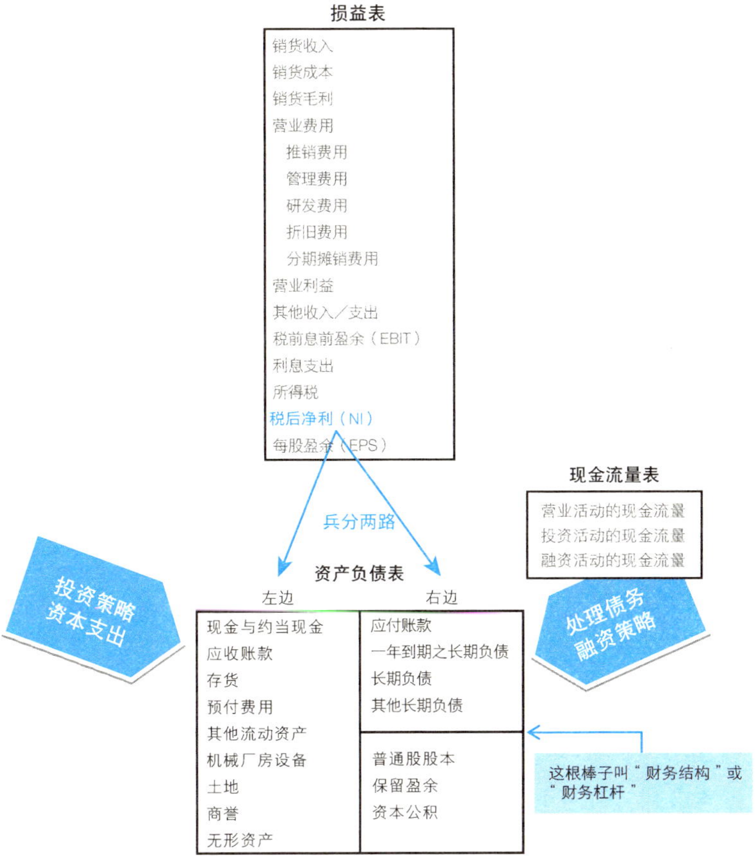

举例来说，损益表的月报是指：某个月的第一天到当月的最后一天（如 1 月 1 日—31 日），这段时间公司是赚钱还

是亏钱，是一种流量的观念。

而资产负债表的月报是指：某个月最后一天（如 1 月 31 日）的结存数字，代表公司在这一天有多少资产，有多少负债与股东权益，这是存量、定量、当天余额的观念。

季报、半年报和年报也都是相同的道理，以此类推。

讲到这里，我们要记住两个重要概念：

1. 资产负债表就是当天余额的概念，是定量的概念。
2. 不管是个人还是公司，有钱之后就会兵分两路，丢到左边是处理资产，丢到右边是处理负债与股东权益。左边等于右边，所以叫“会计恒等式”（A ＝ D ＋ E）。这就是资产负债表的核心概念。

资产的流动性

在财务报表的世界中，只有两大门派：美国和英国。两者其实大同小异，最大的差异是在资产负债表的左边（资产类）的排法不一样。

美国派会将容易变成现金的资产摆前面，越难变现的资产放越后面，这就是所谓的**流动性（Liquidity）**摆法。例如，现金一定排在最前面，而无形资产因为很难变现，所以摆在资产科目的最下面。

英国派则与美国派上下颠倒，最难变现的放在第一个科目。

本书以美国派的财报看法为主，因为它能通用于世界80%以上的国家。倘若您看的是港股的上市公司财务报表，只要将资产类上下颠倒，就会符合我们本书提到的观念。

有了流动性观念后，就能理解资产负债表上的科目并不是随便乱摆的，而是按照所谓的流动性摆法摆放。在财务领域中，越容易变成现金的项目，它的流动性越高，要摆在越上面，所以第一个项目就是**现金与约当现金**。第二个是**应收账款**，第三个是**存货**，接着是预付费用[①]、其他流动资产、机械厂房设备、土地、商誉、无形资产……这些项目的流动性依次递减，越来越低。

换句话说，在资产负债表的左方，就是短期资产[②]放在前面，长期资产[③]放在后面；或是有形资产放前面，无形资产放在后面。无论您想如何对资产类型的科目进行分类，根据美国学派的摆法，基本上都是以流动性进行排列。

而在资产负债表中，根据流动性排列之所以重要，就是

---

① “预付费用”即“预付账款”。

② “短期资产”即“流动资产”。

③ “长期资产”即“非流动资产”。

因为“流动性越高的科目，折价率越低；流动性越低，则折价率越高”。举例来说，公司在银行存了 1000 万元现金，提款时了不起扣 100 元手续费；但如果是 1000 万元的应收账款，今天想要催收，可能只收得回 800 万元；如果是 1000 万元的存货被迫要今天变现，卖价可能就只剩下 600 万元（见图 3–1–5）。

赶紧去看看这些科目的顺序，是不是真的流动性越高，就放在越上面？下一章我们会针对一些特殊的科目，做进一步的解释与分析。

图 3–1–5 流动性摆法与折价率

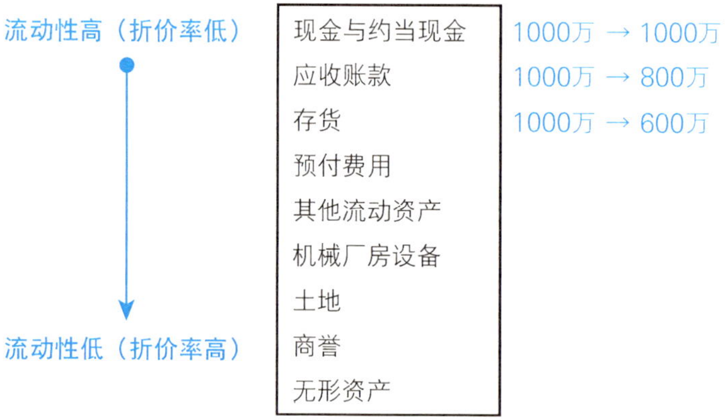

3-2 资产负债表的特殊科目说明

现金（Cash）与约当现金（Cash Equivalents）[1]

约当现金也叫作“现金等价物”，它的定义严格来说，是指具高度流动性之短期投资；因为变现容易且交易成本低，因此可视为现金。**约当现金**拥有一些特性，如随时可转换为定额现金、即将到期、利率变动对其价值影响小。所以，投资日起 3 个月到期或清偿之国库券、商业本票、货币市场基金、可转让定期存单、银行承兑汇票等，皆可视为约当现金。

简单来说，就是任何金融资产如果能在 90 天之内变成现

① 现金与约当现金是台湾地区资产负债表的项目，大陆的资产负债表没有现金与约当现金项目，只有货币资金项目。

金，对公司来说，它就是一种很像现金的资产，叫作“约当现金”。一般而言，公司需要持续经营，如果没有特殊状况，持续经营个 5 年、10 年都很正常，所以 90 天对公司经营或企业生命来说，是一段非常短的时间。所以在财务界中，任何一种在 90 天内到期的金融资产，对企业而言就像一两天而已，视为现金的一种，因此叫它“约当现金”。

例如，如果您有张定存单 88 天后到期，对公司来说就像是一种现金；公司有一张国库券，70 天后就会到期，对公司来说也是现金的一种。以上都叫作“约当现金”。

另外，在财会世界中，对时间的定义也有点不同。例如一年以内，在财务界算是短期，一年以上就叫长期；一年以内到期的市场叫“货币市场”，一年以上才到期的市场叫资本市场，以此类推。

存货（Inventory）多是好事或坏事?

资产负债表的左边，有存货这个科目。请问大家，一家公司存货多，是好事或坏事?

很多人认为存货太多不好。当然，如果是以科技产品（例如手机）为营销主力的公司，存货太多就非常不好！因为手机每 3 个月算一个世代，存货没有及时卖出，3 个月之后就不值钱了。食品公司的存货太多也不好，因为吃的东西有到期日，存货太多或是放太久就无法食用，需要进行打折销售。这类有保鲜期、生命周期短或是有明显改朝换代特性的产品，存货越多当然越不好。

但如果我们讨论的是一家金矿公司，它的存货是金矿砂，钻石公司的存货是裸钻，石油公司的存货是原油，这时，您觉得存货多好不好？一般情况下当然是好的。

所以，存货多是好是坏？答案是，不一定，要看行业而定！所以请大家要认识这个重要的概念，不要一看到存货，就认为是不好的。

有形资产的折旧费用（Depreciation）

之前在讨论损益表有关折旧费用的相关问题时，我们知道**有形资产的贬值幅度**叫作“折旧”。例如，为了让公司业务顺利营运，您需要有一辆车，让公司同仁可以送货或定期拜访客户用，于是您花了 100 万元，买了辆新车（叫“有形资产”）。假设车子可以使用 10 年，这辆车一年平均折价 10 万元，这 10 万元就叫“折旧费用”（有形资产的贬值幅度）。

也就是说，车子使用一年后，账面价值只剩下 90 万元。

所以看您公司的资产负债表，第一年会出现一个叫“车子”的资产（有形资产 100 万元）。经过一年后，因为车辆每年贬值 10 万元，所以第二年的资产负债表中，车子的价值是 90 万元。这消失的 10 万元（车辆的贬值幅度），跑去哪儿了呢？

大家要记得，财务会计的世界中，也有所谓的**“物质不灭定律”**：某一张报表少的东西，一定会在同一张或另一张报表上出现。否则，财务报表会凭空消失了 10 万元，造成报表不平衡，或是无法忠实记录公司的营运实况。

这辆车是作为公司营运用的资产，每一年的贬值幅度为 10 万元（有形资产的贬值幅度，叫“折旧费用”），就像我们个人的食、衣、住、行、育、乐费用。以此类推，对公司而言，这是经营企业的相关费用支出，所以资产负债表中消失的 10 万元，会跑到损益表的推销费用、管理费用、研发费用、折旧费用、分期摊销费用中的折旧费用里（10 万元）。

这是损益表与资产负债表两张表互相联动的一小部分（见图 3-2-1），也因此我们在本书一开始，即谈到一个重要观念：财务报表要摆在一起看，才能看出企业经营的全貌，真正发挥它们的意义。

图 3-2-1 折旧在损益表与资产负债表中的联动

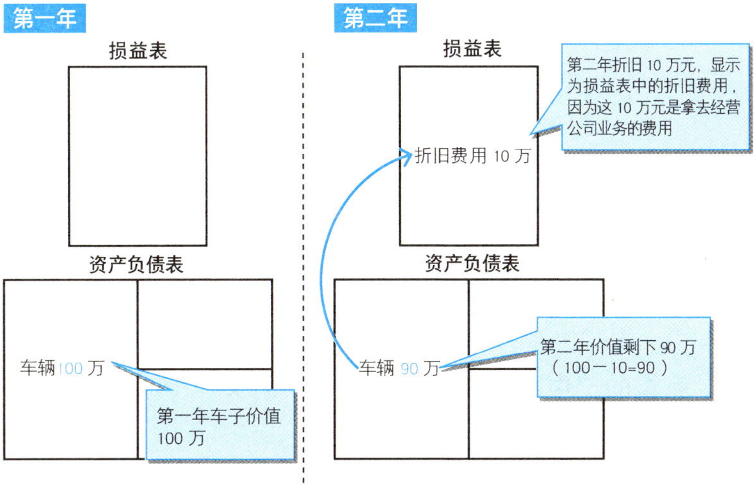

短期与长期的区别

在财务领域中，小于或等于一年就叫作“短期”，因此，“一年内到期的长期负债”乍看之下是长期债务，但因为到期期限少于一年，所以就将它归类于短期的负债类。例如，五年期银行贷款（负债），再九个月就要到期了（一年内即将到期），算是“一年内到期的五年期银行贷款”，因此会被移到流动负债或是短期负债的科目中。

任何长期负债，只要是一年内即将到期的负债，都要归类为短期负债。所以，现在您知道在财务领域中，什么叫长期，什么叫短期，怎么分了吧？就用**一年**来区分。

商誉（Goodwill）

什么是商誉？它在财务会计世界的定义，可能跟您所想的大大不同。

商誉是品牌价值吗？不是，因为品牌价值会波动。它也不是市占率或市场口碑。

商誉的“中翻中”，其实叫作“猪头”（Pig Head），为什么呢？我们举个例子说明。

甲公司总资产1000亿元、负债400亿元、股东权益600亿元，我是甲公司的首席谈判代表，准备并购乙公司。您是乙公司的老板，公司总资产100亿元、负债85亿元、股东权益15亿元，在市场经营多年，但业绩一直没有起色，加上这两年不景气，陷入了财务危机。

此时，在朋友的介绍下，我（甲公司）有意并购您（乙公司）。谈到并购（M&A），您就需要了解自己的乙公司值多少钱。**请问您觉得您的乙公司值多少钱？**

如何看一家公司值多少钱呢？其实很简单，您值多少钱＝您有的—您欠人的。

所以，乙公司值：100 亿元（资产）– 85 亿元（负债）= 15 亿元。

这 15 亿元就叫作“公司净值”，也就是全部的股东权益，所以您的乙公司的身价是 15 亿元（净值），如图 3-2-2 所示。

我们常在外面听到的“净值”，指的就是股东权益（E）= **您有的 – 您欠人的**。所以，个股的观念（每股净值）会出现在股东权益这个大区块中。

还记得前面提到的“每股获利”或“每股盈余”（EPS）[①] 吗？因为 EPS 是指公司为股东出资的每一股赚了多少钱，而赚或亏是指损益表的内容，所以每股获利或每股盈余，会出现在损益表那张报表上。

图 3-2-2 甲、乙公司的资产与负债

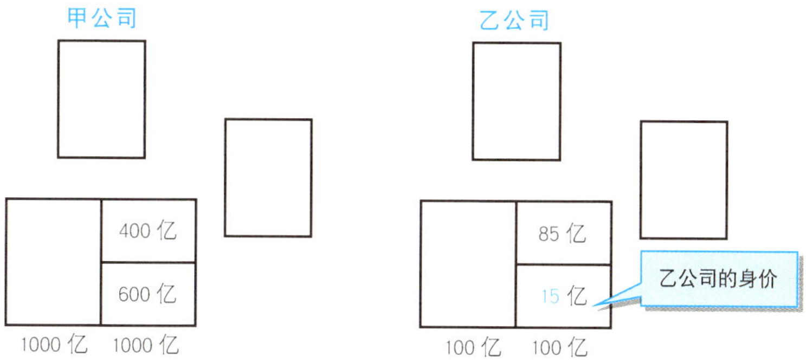

① 即指收益。

回到我们举的例子上，假设整个市场只有甲公司愿意收购乙公司，双方经过多次的谈判与协商，达成共识：由甲公司出资 20 亿元现金，100% 全额并购乙公司。

这个交易中，双方的财务报表会出现什么变化？

还记得流动性摆法吗？甲公司的资产科目，依照流动性摆法，依序是现金与约当现金、应收账款、存货、长期投资、无形资产。所谓“由甲公司出资 20 亿元现金，100% 全额并购乙公司”，用会计科目来呈现，就会变成（见图 3-2-3）：

1. 以现金并购，因此甲公司的现金与约当现金，会减少 20 亿元。
2. 甲公司把乙公司整个吃下来，所以财务报表会并入甲公司，成为金额 15 亿元的长期投资，因为乙公司真正只值 15 亿元。
3. 依照财务世界的法则，资产负债表应该要“左边＝右边”，但做完上面两个动作后，左边不等于右边。
4. 所以才要在左边加上一个叫“商誉”的科目，金额为 5 亿元，这样左边才会等于右边。

所以，商誉 5 亿元的意思，就是买贵了 5 亿元。买贵了，

图 3-2-3　商誉的含义

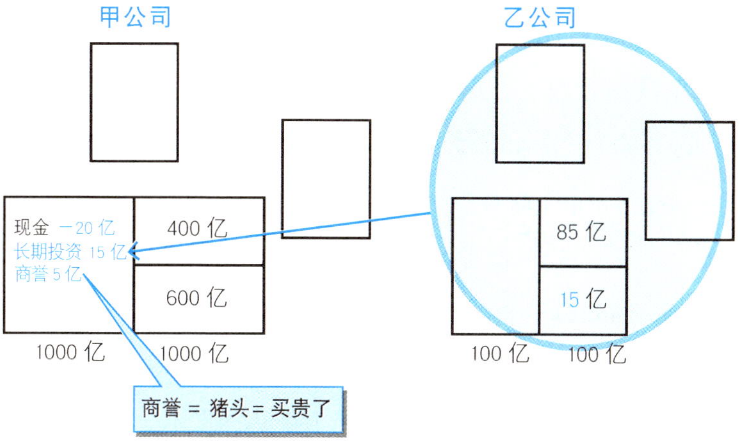

不就是“猪头”吗？因此“商誉”“买贵了”和“猪头”，其实代表同样的意思（见图 3-2-3）。

在财务领域，商誉的真正定义为：收购价－净资产＝商誉。以本例来说，20 亿元现金（甲公司收购价），扣掉 15 亿元净值（乙公司净资产），所以商誉（买贵了）价值 5 亿元。

大家可以用常识判断，一家公司的财务报表中，资产负债表有很大的商誉，是好是坏？

当然不好！资产负债表中有很大的商誉，等同于它是“超级大猪头”，代表并购别家公司时，买贵了很多、很多！在 2012 年 3 月 7 日的报道中，就有一个真实故事可供大家参考。

当时是松下（Panasonic）并购三洋（Sanyo），收购价为6600亿日元，但三洋的净资产仅有1420亿日元，这桩并购案足足买贵了5180亿日元！

新任执行长上任后，将这个“猪头”的无形资产商誉，认列了2500亿日元的减损。

还记得前几章有折旧费用与分期摊销费用的科目吗？我们已经说明，有形资产的贬值幅度叫“折旧费用”（Depreciation），而像商誉这种无形资产的贬值幅度，则称为“分期摊销费用”[①]（Amortization），如图3-2-4所示。

所以，如果一家公司没有对外并购，通常不会有“商誉”这个会计科目。只有在并购且买贵的时候，才会产生商誉，因此它的“中翻中”叫作**“猪头”**。

资本公积（Additional Paid In Capital）

既然有买贵了，当然也会有买便宜的时候，这种状况叫作“资本公积”，“中翻中”就是**公司不劳而获**的好处。

公司法规定，当发生以下五种状况，要放在资本公积这个科目集中管理：股本溢价、资产重估价值、处分固定资产

① 分期摊销费用，大陆一般说法为“资产减值准备”。

图 3-2-4 无形资产的贬值

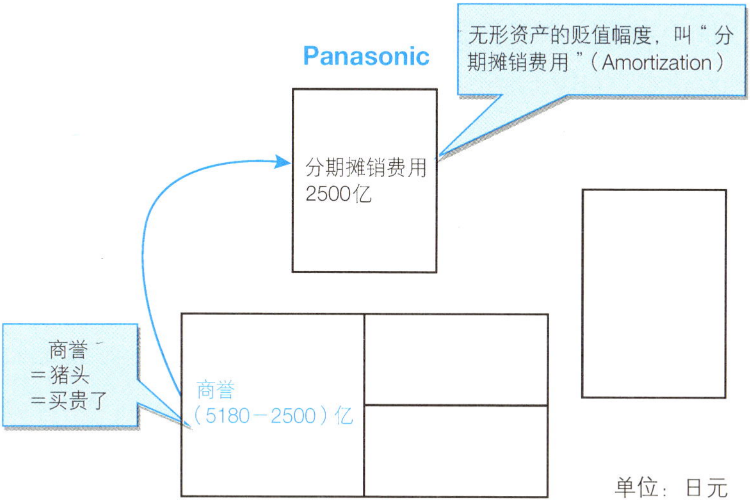

收益、企业合并所获利益，以及受领捐赠所得……

在此我们挑几个比较常见的项目说明。

◎股本溢价

以实例说明比较容易理解。譬如现在公司要通过现金增资，每股 40 元，但公司法规定，这 40 元要交代清楚，所以要分成两个项目，一个是面额，一个是溢价。

因此，现金增资 40 元＝面额 10 元＋溢价 30 元。其中面额要加到普通股股本中，代表股东依面额的出资部分；溢价属于多收的钱，要加到资本公积这个科目中集中管理。

假设公司今天只发行一股现金增资 40 元，所以跟股东收了现金 40 元，资产负债表的左边现金部分要增加 40 元。因为左边等于右边，右边也要加上 40 元。它当然不可能加到负债中，那该加去哪里呢？答案是，10 元加在普通股股本中，溢价部分加在资本公积中，所以报表上的资本公积增加 30 元（见图 3–2–5），这样左右就会相等了。

您明明可以用 10 元 / 股增资，却涨到 40 元 / 股，等于不劳而获 30 元 / 股。所以资本公积的“中翻中”，就是公

图 3–2–5 股本溢价的含义

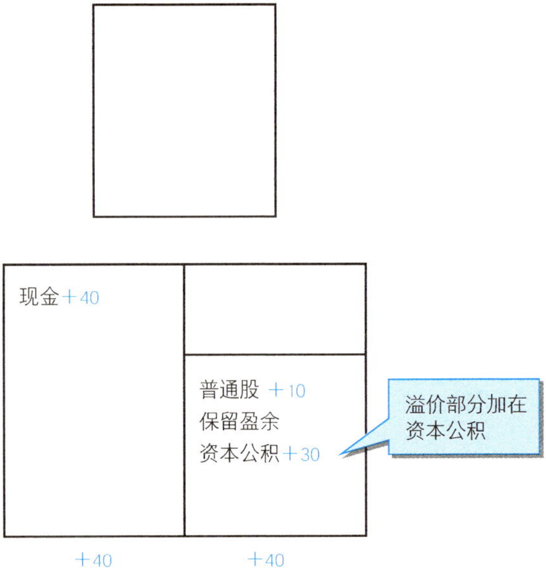

司**不劳而获**的好处。

◎资产重估价值

原本有栋大楼当时购买的价格是 10 亿元，现在重新估算，增加为 19 亿元。大楼还是原本的大楼，没有产生变化，只是价值多了 9 亿元，所以左边固定资产的部分就要多 9 亿元。既然左边要等于右边，右边可能加在负债中吗？当然不行，所以 9 亿元就加在报表右边股东权益中的资本公积里。

这也就是说，公司因为大楼资产重估，不劳而获 9 亿元（见图 3-2-6）。

图 3-2-6 资产重估价值的含义

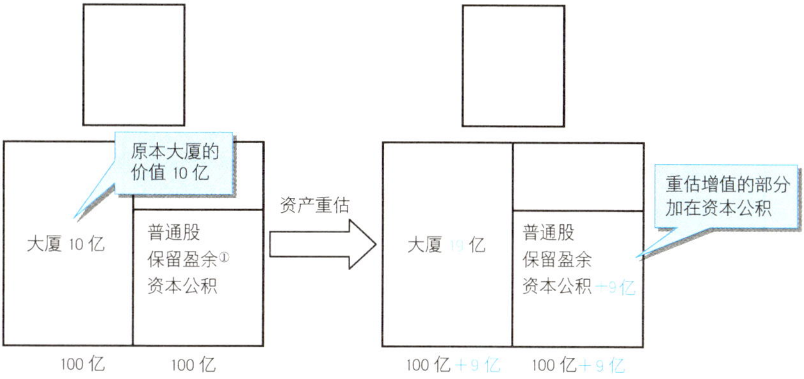

① “保留盈余”即指盈余公积、未分配利润。

◎处分固定资产所得的收益

假设我们卖掉一块当初取得成本为 2 亿元的土地，得到现金 6 亿元。资产负债表的左边要变动，土地部分要删除（因为卖掉了），并增加现金 6 亿元。如今资产负债表的左边共增加了 4 亿元，所以右边也要加 4 亿元，放在股东权益的资本公积中（不劳而获 4 亿元），这样左边才会等于右边（见图 3-2-7）。

图 3-2-7 处分固定资产收益的含义

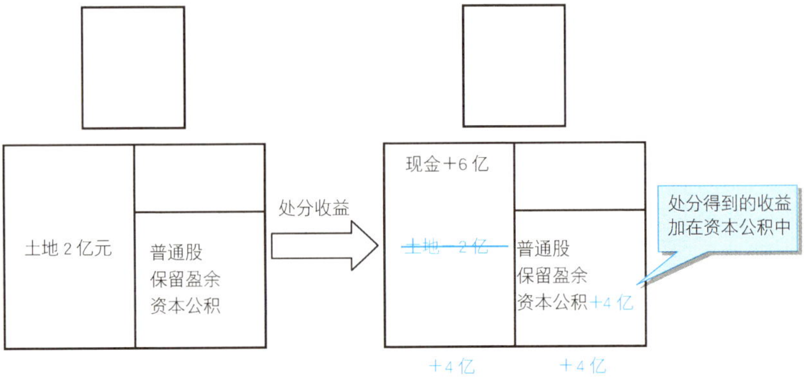

◎受领捐赠

假设某个善心人士捐给公司 1 亿元，左边现金加了 1 亿元，右边也同时需要加 1 亿元，因此也是加在资本公积中。

别人捐给公司现金1亿元，对公司来说，当然是不劳而获的好处啰（见图3-2-8）！

只要记住资产负债表要左边等于右边的概念，就可以轻松推导出各科目的真实意义。另外，如果要知道公司值多少钱（身价），就是看股东权益这一区：您有的–您欠人的。

图 3-2-8 受领捐赠的含义

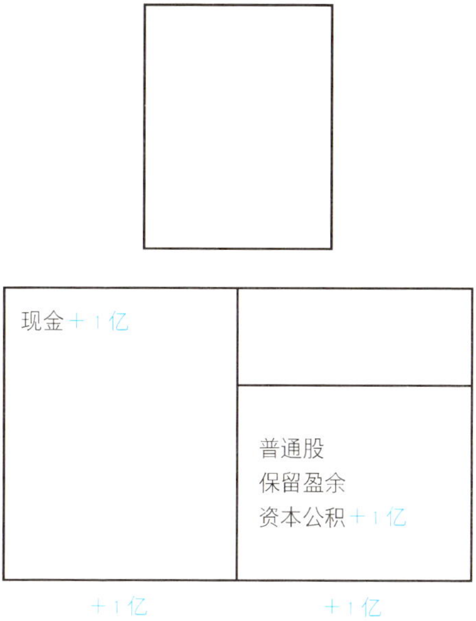

3-3 活用资产负债表：以长支长

有钱之后兵分两路，丢在左边叫作“资产配置”“资本支出”，或叫“投资策略”；钱往右边走，则叫“处理负债”“处理财务结构”，也叫作“融资策略”。

按照之前提到的流动性摆法逻辑，越容易变成现金的摆越上面，所以资产负债表的资产，由上到下是短期到长期、有形至无形的资产。负债也是一样，可以分为短期到长期，所以依照时间从上摆到下；不过，股东都是长期投资，所以均是长期的。

如果您仔细推敲这张报表（见图 3-3-1），会发现资产负债表的左边是“您真正拥有的资产”，右边则是“您如何取得这些资产的找钱方式”，也就是说，您的钱是来自负债资本（外部资金）或是股东资本（自有资金）。

图 3-3-1 资产负债表的长短相对概念

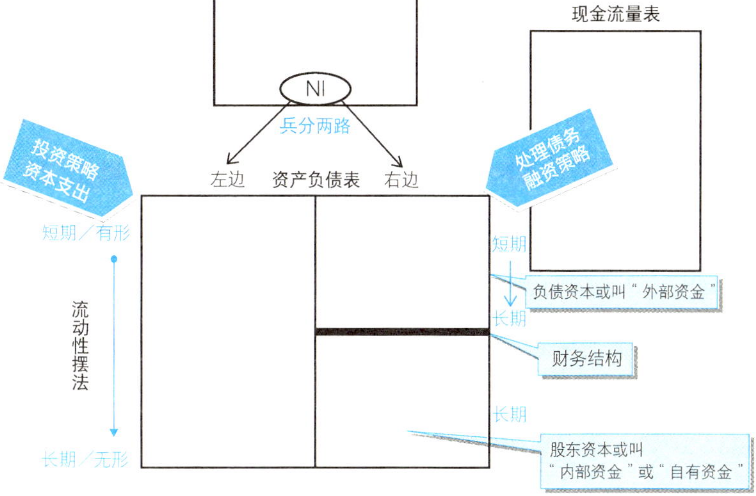

从图表中，我们可以看出资产与负债短对短、长对长的相对位置。不过我要提醒大家，许多实证研究发现，中小型企业破产的原因，除了找不到客户之外，居然有高达 40% 是因为**错误的财务观念：以短支长**，也就是用短期的地下钱庄

借来的钱，去支付长期的机械设备厂房等投资。钱的来源是短期负债，但取得的是长期资产，这种错误做法叫作**“以短支长”**或**“短债长投”**，最终一定会造成企业破产。

个人的财务处理，也同样不能以短支长。不知您是否记得，2004—2006年间，台湾曾发生现金卡与信用卡的双卡风暴？民众申请现金卡，用短期的负债去支付长期的生活所需，后来造成许多人自杀的社会悲剧。他们与大家一样认真工作，认真生活，只是因为家中或工作上发生一些变故，没有足够的现金，采用了错误的财务知识“以短支长”（用短期资金来源支应长期生活所需），就这样让生命有了不同的变化，令人不胜唏嘘。所以，我们个人也应该要学习如何**“以长支长”**。

在生活中运用“以长支长”

生活中有哪些事情能够“以长支长”呢？首先要记住，千万别等缺钱才想借钱！银行都是晴天借伞、雨天收伞，您缺钱（雨天）的时候，银行是不会借钱给您的。所以在您状况良好（晴天）时就要先向银行借钱，以备不时之需。

那什么叫作“状况良好”呢？买房子的时候就可以运用这个观念。举例来说，您看到一栋1000万元的房子，但手上现金只有 300 万元，这时您应该跟银行借多少钱?

答案是，**能借多少就借多少!** 因为一般人买房时只要您条件允许，有充足的还款来源，可以向银行借七成，所以，不管手头有多少首付款现金，建议尽管多向银行借款，请您想尽办法提高自己向银行进行房屋贷款的成数。各类理财专家也建议大家尽可能集中选取 1 ~ 2 家银行作为自己资产存放的主要银行。通过日常流水、借贷记录，与银行建立较佳的合作关系，留下良好的信用记录，以备不时之需。

3–4 大量的盈余，怎么分配或处理比较好？

我们再复习一下，有钱就会兵分两路，往左边叫作“资产配置”“资本支出”，或叫“投资策略”，钱往右边叫作“处理负债”“处理财务结构”“融资策略”。

假如兵分两路后，有五种选项：①保守；②投资；③并购；④还款；⑤分红。您现在是公司老板，现在公司赚了钱，可以兵分两路，但只能五选一（见图 3–4–1），您会怎么做？

盈余分配只有参考答案，没有标准答案

曾经有人选⑤，大笔提供红利给股东分红；例如 2004 年，比尔·盖兹一次分红 300 亿美元，将近 1 兆新台币[①]，

① 2004 年美元：人民币＝1 ∶ 8.28。

图 3-4-1　赚钱后的五种选项

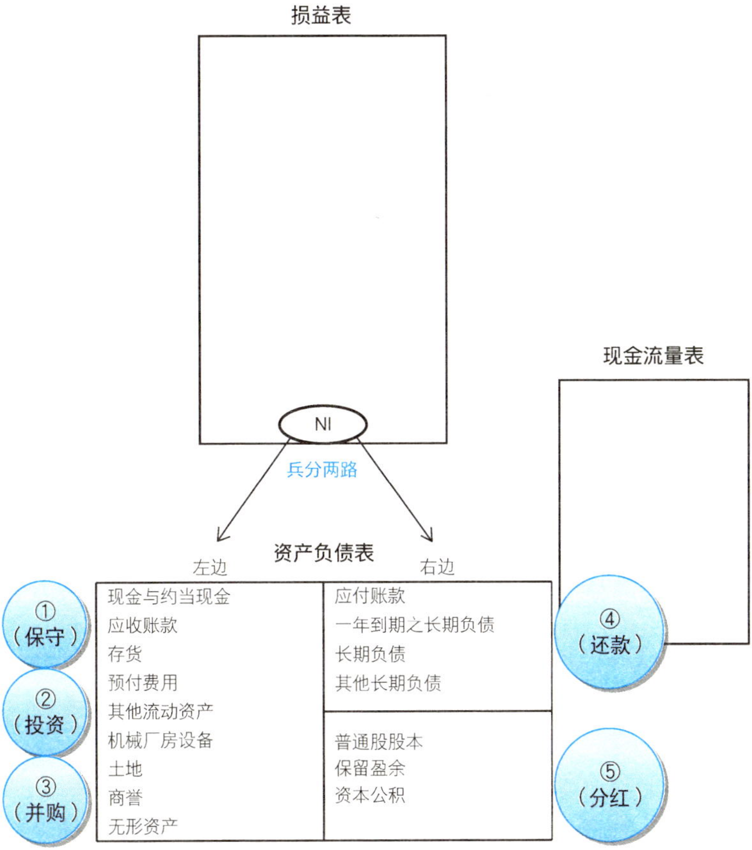

可说是人类有公司组织以来最大一笔分红。为什么他可以分这么多钱出去？因为微软当时手上现金有555亿美元。所以，如果遇到这种老板，只有一句话：您要跟好啊！不过这是例外，很少有人会这么做。

一般较正确的做法，应该是选①或④。选④的人是借由清偿债务来改善财务结构，一旦将来景气反转，银行采取雨天收伞的政策时，临时出现大量资金缺口，自己也能有较大的缓冲空间。选①的人是希望保留较多的现金，用来**“比气长”**。

“比气长”重要吗？有现成的钱，为什么不拿来投资，做更好的运用？

在2004年年底时，台积电手上每天的现金超过4374亿新台币，占总资产的28%；沃伦·巴菲特手上有633亿美元；微软有857亿美元，现金占总资产的比例高达49.7%；华硕有至少736亿的新台币，现金占总资产的22%；戴尔（DELL）有300亿美元……这群财务长选择保守的做法，一直被人骂说没有好好运用资源，很多现金没有做最好的配置。

没想到2008年之后，大家才发现这些世界一等一的财务长，做的事情才是正确的。金融海啸发生时，全世界倒了数不清的上市公司，都是因为现金不足，一夜倒闭。所以企业经营时，“比气长”非常重要，否则遇到金融风暴就阵亡了。**手握现金，不论何时都能买到大部分您想要的资产；手握大量资产，却不一定能实时换成足够的现金，让公司持续生存**

下去。所以，您觉得选择哪一项比较正确？

高手都是做①或④，手上最好要保留总资产 25% 的现金。因此上篇我们曾提到，当您手边没有那么多现金时，一定要未雨绸缪，在财务状况好时，去银行搬 20 年期的虚拟现金；搬这笔现金的做法，不就跟世界一等一的财务长所做的事情一样嘛！万一不幸发生财务危机，这个“以长支长”的虚拟现金工具，至少能帮您争取 9 年的缓冲时间。

很多人问，为何不把赚来的钱拿去投资，选②不是更好吗？确实，台湾人喜欢选②，不过大家都听过“投资有风险，基金投资有赚有赔，申购前请详阅公开说明书”吧？您可以选②，但前提是先将现金存量保持至 25% 的水位，多出的部分才做各种投资。

事实上，无论是选择②、③、④、⑤中哪一项，都最好先满足①，保持25%的现金才保险，这也与一般理财专家一直推广的观念相同：个人理财时，至少准备3～6个月的紧急生活费。而我们的方法更进一步，教您在状况好的时候，帮自己备好足足9年的虚拟现金！

欧美国家有钱，比较喜欢选③，不过当买贵了时，就会有商誉。实证研究中也显示，在并购时买贵的情况居多，所以产生很多“猪头”。

将公司资产配置技巧活用于个人层面

了解了公司理财的①～⑤选项后，我们可以将公司资产配置的观念，同理运用到个人的日常生活中，所以接着我们来看个人资产配置。

我们在最前面提过，个人有钱后也是兵分两路，往左走是存钱、买房买车，叫“投资策略”；往右走则是清偿欠别人的钱或是偿还车贷、房贷，叫“处理负债”。

接下来介绍由世界权威金融分析机构标准普尔公司（STANDARD & POOR’S）所做的个人资产投资建议，这份研究资料调查了10万个资产正成长家庭的资产配置状况，归纳出最佳的资产建议组合，让一般人可以把自己赚的钱，按照建议中的比例去做分配——但这只是参考建议，您还是可以依照个人的风险承受度，以及人生不同的阶段目标，来调整其中的百分比，不一定要完全依照它的做法。

这份建议是将家庭资产配置分为四个部分，假设您个人的总资产为100%（见图3-4-2）。

图 3-4-2 标准普尔的资产建议组合

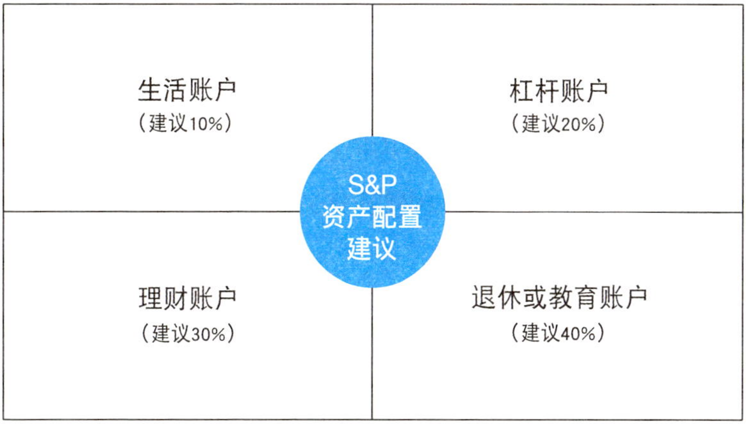

（1）生活账户，建议比例为 10%

这顾名思义就是生活所需的钱，包括食、衣、住、行等日常活动所需的基本生活费用；其中重点是要保留 6 个月的生活资金。如果觉得放着浪费，可以放在风险最低的银行定存或者货币基金中，保持高流动性，随时可以方便取用，因为这个账户是“保命的钱”。

（2）杠杆账户，建议比例 20%

主要是指以小博大，例如保险的部分，所以是杠杆账户。建议大家看完书后，先去买 2000 万元意外险，一年保费才

3000多元，因为万一发生意外事故，劳健保给付才一两百万元。如果年纪不小了，则记得要加保医疗保险，这样在紧要关头，像是生病或有意外发生时，才不会被迫要卖房卖车、到处借钱。前面所讲的20年期的虚拟现金，也是杠杆账户的一种，借用银行的力量，为自己与家人预留一笔随时可动用的20年期虚拟现金，有备无患，能帮助我们渡过人生中的低潮与大风浪。

（3）理财账户，建议比例30%

这是属于投资的部分，由于投资有风险，您可以依照风险承受度来规划，分别操作股票、ETF、期货、外汇或房地产等工具。

但要注意这个理财账户基本上要赚得起，也亏得下，所以这个账户无论盈亏，都不能影响家庭的基本生活所需，最好不要超过总资产的50%。而且不要赚了钱就觉得自己很厉害，全部加码，通常到最后都是血本无归，全部归零。

（4）退休或教育账户，建议比例40%

保留给自己退休或子女教育所用，因此每个月都要放钱在这个账户中。这个账户的最高指导原则只有两个：一是保本，二还是保本，所以千万不要投资高风险标的。将此账户的投资率目标，锁定在打败通胀即可。

巴菲特在1965年以10万美元投资起家，经过40多年，他成为世界第二名的有钱人，但他的年平均报酬率也只有20%上下。因此不要太贪心，要专心寻找具有长期稳定获利能力的标的，请永远记得**“高风险高报酬，高报酬高风险”**这句话，不要随便听人说“某某工具报酬率高达60%”，就将钱拿去投资，别忘了这个账户是退休或子女教育要用的，它经不起风险啊。

3-5 经营能力如何判断：损益表与资产负债表的综合运用

一家公司经营能力好不好，如何判断？是看业绩吗？或者看获利？还是有其他什么指标？

在回答这个问题之前，我们先来看看甲、乙两家餐厅的状况。

甲餐厅中午的翻桌率是 3 趟，乙餐厅是 0.9 趟，哪一家比较会做生意？答案是甲餐厅，换句话说，甲餐厅的经营能力比较好，因为它一个中午可以做 3 趟生意。

公司的经营能力，不就像是餐厅的翻桌率吗？“经营能力”的“中翻中”，就是**“翻桌率”；您的资产一年帮公司做了几趟生意，就是经营能力**。回头看看甲、乙餐厅的翻桌率，3 趟是指那个餐桌一个中午帮餐厅做了 3 趟生意，而餐桌是餐厅的资产。同理，公司的资产一年帮公司做了几趟生意，就是经营能力。

所以我们现在回来看看报表，公司有哪些资产在帮助公司做生意，资产要看哪里？答案是资产负债表的左方，其中最重要的是现金[①]、应收账款、存货、固定资产与总资产（还记得流动性摆法吗？其中，现金、应收账款、存货是流动性最高的三个）。然后看看这些资产做了几趟生意，就能知道这家公司的经营能力。

您在职场中，常听到**应收账款周转率、存货周转率、固定资产周转率、总资产周转率**这些词，理由便是如此。这也是为何平常公司都会紧盯业务同仁的应收账款、工厂的存货，不断要求大家不要乱买设备的原因，因为这些资产是否运用得当，是公司（专业经理人）经营能力良莠的指标。

在分析前，请思考应该使用那一种报表：月报、季报、半年报，还是年报呢？

比较好的做法是采用年报上的信息，因为多数行业都有明显的淡旺季。采用半年报、季报或月报上的信息，如果您拿到的数据是旺季的，分析出来的结果会高估这家公司的经营能力；如果是淡季的数据，又有低估的问题。所以分析一

① 这里的现金指库存现金。

家公司的经营能力，**比较好的做法是采用年报上的信息**。

接下来，我们搭配财务报表的立体观念，来介绍这些指标。

应收账款周转率（翻桌率）

相当于应收账款翻桌率。参考前面提到的翻桌率概念，如果这个比率算出来是 6，就代表应收账款这个资产一年帮公司做了 6 趟生意；这个数字越高越好（如图 3-5-1）。

图 3-5-1　应收账款周转率示意

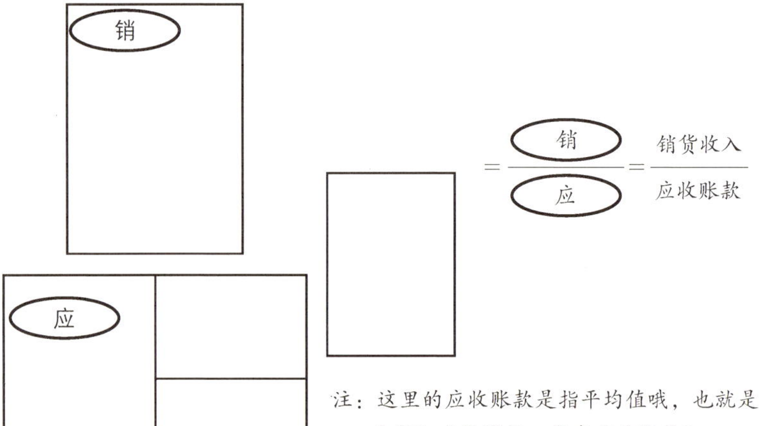

注：这里的应收账款是指平均值哦，也就是 $\left(\frac{\text{期初应收账款} + \text{期末应收账款}}{2}\right)$

这种理解方式还可换个角度思考，把 1 年换成 360 天。财务界对于 1 年有几天，也分成两个学派，有人用 365 天当作 1 年，也有人用 360 天当作 1 年，其实都可以，只要符合一致性即可。我个人喜欢用 360 天，因为计算方便。

以一年 360 天、应收账款周转率 6 为例，360 天 ÷6 趟＝60 天／趟。这个数字意思是：应收账款每做一趟生意需要 60 天。换成财务的专业术语，就是应收账款收现天数为 60 天。相关的计算过程如下：

$$应收账款周转率=\frac{销}{应}=\frac{销货收入}{应收账款}=6\text{ 趟／年}$$

$$应收账款周转率=\frac{360}{\frac{销货收入}{应收账款}}=\frac{360}{6}=60\text{ 天／趟}$$

存货周转率（翻桌率）

相当于存货翻桌率。在了解这个公式之前，先思考这个问题：**存货是以市价还是成本基础列在公司的资产负债表中？**答案是成本基础。

因为会计的真正目的，是忠实记录企业营运过程中的所有数据，而且会计处理的准则要求保守稳健，这样记录下来的数据，才能忠实反映公司营运的真实面。工作中您常听到的财会人员挂在口中的“成本市价孰低法”，即是要求将成本或市价两者中的最低者，列入相对应的会计账册中，那是保守稳健的处理准则要求。

让我们回到存货周转率的公式。如图 3-5-2 所示，存货是以成本基础列入资产负债表中，这个存货的分母是成本基

图 3-5-2 存货周转率示意

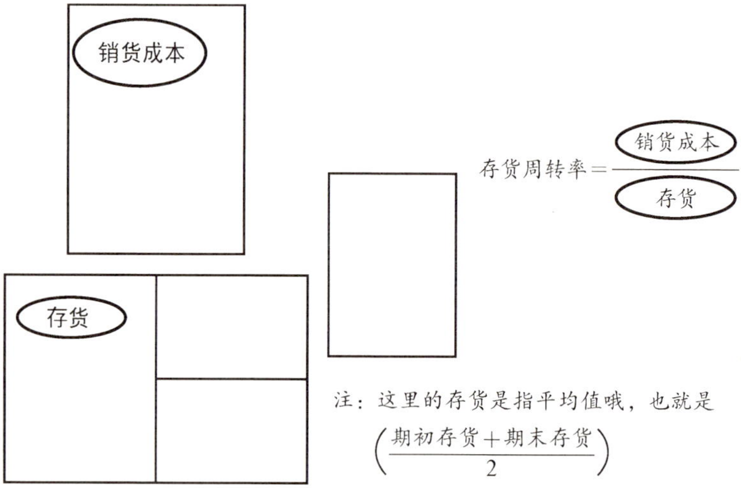

础，所以，分子也需要采用成本基础的销货成本，而不再是将销货收入当成分子。

存货周转率算出来的数据，也是越高越好。如果这个比率算出来是 3.6，代表存货这个资产，一年帮公司做了 3.6 趟生意。

这个比率同样也能换成“一年 360 天”这个角度来思考。如果算式是 360 天 ÷3.6 趟＝ 100 天／趟，这个“100 天”代表什么意思呢？

想想看，存货是放在哪里？一般情况下，存货都是放在仓库，所以 100 天就是指存货在库天数是 100 天。换回财务专业术语，就是商品平均售出天数是 100 天。

所以，对财会知识的理解，如果换成这种常识理解法，其实是非常有趣的。

固定资产周转率（翻桌率）

固定资产周转率同属类似的概念，这个数值也是越大越好，代表固定资产一年帮公司做了多少趟的生意。但请大家注意，在图 3-5-3 的财务立体模型中，我们在资产负债表左下方圈选固定资产时，并没有全部圈上哟！

图 3-5-3 固定资产周转率示意

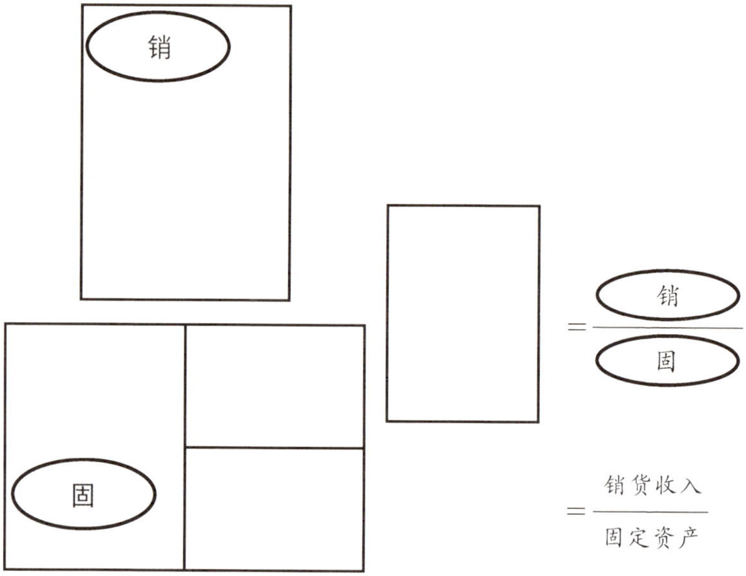

这是因为资产负债表中的科目，都是依照流动性摆法摆放。流动性高摆上面，流动性低摆下面，所以最下面的科目，通常是商誉（猪头、买贵了），或是无形资产，故计算固定资产周转率时，不能将这些无形资产计算进去。

总资产周转率（翻桌率）

相当于总资产翻桌率。这个指标可以看出专业经理人是否将公司所有的资产，做最有效率的运用，数字一样越大越好（见图 3-5-4）。

图 3-5-4 总资产周转率示意

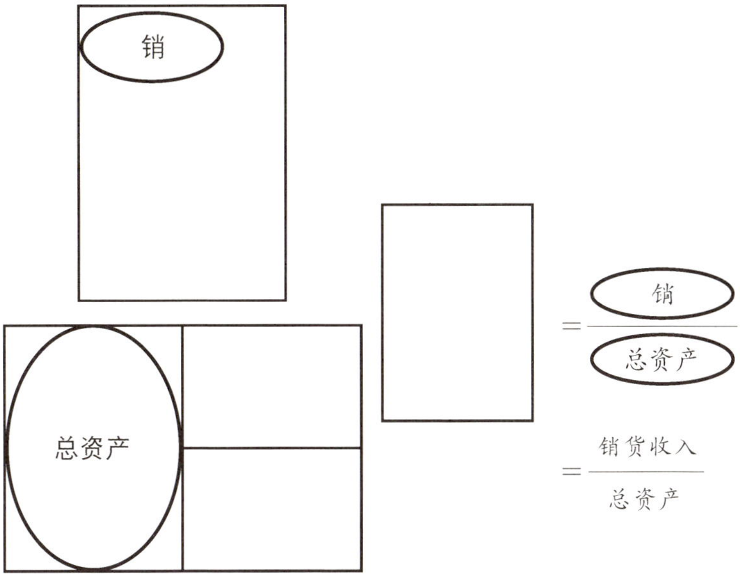

但如果总资产周转率小于1，例如：

$$\frac{\text{销货收入}}{\text{总资产}}=\frac{\text{小}}{\text{大}}=\frac{100\text{亿}}{500\text{亿}}=0.2$$

通常代表这是一个砸钱烧钱的行业，“中翻中”叫“资本密集行业”或“奢侈品行业”。用白话说明，就是这家公司为了营运，一年需要投入500亿元的资产，但只做出100亿元的营收。

您可能会问，实务上有这种公司吗？当然有！这种资本密集行业，个人理财时尽量不要碰，例如光电、太阳能、DRAM、面板、生技、钢铁业……除非遇到以下两种特例：

1. 属资本密集，但损益表上有长期稳定获利能力的特性，例如：台积电、电信公司、瓦斯公司、LV、Tiffany……
2. 属资本密集，但公司有充足的现金（占总资产25%以上），例如阿里巴巴、谷歌、脸书、腾讯……

所以总的来说，总资产周转率小于1，通常代表该公司属于资本密集（烧钱）或奢侈品行业；大于1，代表该公司整体经营能力相当不错；大于 2，则通常代表流通业或经营效率特别强的公司。

公式运用技巧

前面说明的公式，如果您留心的话，就会发现我们是以流动性的摆法（应收账款、存货、固定资产与总资产），依序向大家说明相关的公式，但是，**在实际运用时，我建议大家要倒着看：**

1. **总资产周转率（翻桌率）：**要先看，以便了解这家公司整体的经营能力状况。如果可能，这个数值也应该与同业进行比较。

2. **固定资产周转率（翻桌率）：**我通常会跳过这个指标，因为它与总资产周转率有点雷同，除非是特殊情况，才会回头检视这个比率。因为您不一定有财经背景，故建议您抓大放小，掌握其他重要信息即可，以免见树不见林。

3. **存货周转率（翻桌率）**：看看这家公司的存货一年可以帮公司做几趟生意，越多趟越好；这也代表这家公司商品或服务在市场上的接受度或热销度。例如，2014 年各公司的年报数据显示，苹果的存货周转率是 58 趟 / 年，商品平均在库天数是 6.2 天，HTC 的存货周转率是 6.3 趟 / 年，商品平均在库天数是 57.6 天。这样子一比较，马上就能理解热销的苹果相关产品，平均 6.2 天就卖出了；而 HTC 的产品，平均快 2 个月才能卖出。

4. **应收账款周转率（翻桌率）**：看看这家公司业务团队的收款能力，应收账款翻桌率越大，代表该公司业务团队在市场上越强势，例如，2014 年各公司的年报数据显示，苹果的应收账款周转率是 12 趟 / 年，应收账款（货款）平均 30 天就能收到现金；HTC 的应收账款周转率是 6.4 趟 / 年，应收账款（货款）平均 57 天才收到现金。销售团队孰优孰劣，马上就能判断出来。

3-6 经营能力实战分析

为了让大家进一步了解，我们拿 6 家公司的财务报表来简单分析（见图 3-6-1）。还记得前一节说过，要从下而上分析吗？我们就来逐一解释。

总资产周转率（翻桌率）分析

先回想前一节对总资产周转率（翻桌率）数据的归纳：大于1趟／年，非常不错；大于2趟／年，非常厉害，通常属于翻桌率很大的流通业；小于1趟／年，代表烧钱，专业名词叫“资本密集”，此时要特别留意该公司是否有足够现金，确保景气反转时还能持续经营下去。若没有足够的现金（现金占总资产的25%，最保守也应该要有10%），则至少公司要以收现金的模式经营。

从图 3-6-1 中可知，6 家公司的总资产周转率（翻

图 3-6-1　6 家公司财务报表参考

流动性高 ↑ 流动性低（分析时要由下往上）

		Walmart	Costco	鸿海	台积电	Google	王品
经营能力（翻桌率）	应收账款周转率（翻桌率）	72.2 趟 / 年	95.9 趟 / 年	5.51 趟 / 年	8.12 趟 / 年	7.2 趟 / 年	100.97 趟 / 年
	应收账款收现天数	5	3.75	66.2	44.95	49.8	3.61
	存货周转率（翻桌率）	8.1 趟 / 年	12.04 趟 / 年	10.9 趟 / 年	7.42 趟 / 年	120.6 趟 / 年	4.16 趟 / 年
	存货在库天数	44.4 天	29.9 天	33.5 天	49.19 天	3 天	87.74 天
	总资产周转率（翻桌率）	2.38 趟 / 年	3.4 趟 / 年	1.76 趟 / 年	0.55 趟 / 年	0.52 趟 / 年	1.77 趟 / 年
	现金与约当现金占总资产比率	4.5	17.38	27.6	24	49.1	23.7

资料来源：2014 年各个国家和地区证管会，上市公司股市观测站

桌率），由高到低依序为：Costco（3.4 趟 / 年）、Walmart（2.38 趟 / 年）、王品（1.77 趟 / 年）、鸿海（1.76 趟 / 年）、台积电（0.55 趟 / 年）、Google（0.52 趟 / 年）。

总资产经营能力表现最好的是 Costco，这与它的经营策略也相当吻合。该公司董事会明文规定，全球门店数量

达 500 间以上的 Costco，每一项产品的毛利率都不能超过 14%，否则需经过董事会审核才可贩卖。翻开 Costco 2014 年的年报资料，您会发现该公司的整体毛利率只有 12.6%，这是因为该公司希望通过物超所值的大包装、少品项与超低价方式，回馈会员，提高会员回购率。

这就是实务中常听到的一句话：**低价要能活，除非“转”得快**。所谓“转得快”，指的就是总资产周转率（翻桌率）大。总资产周转率大于 2 趟 / 年，通常是指流通业，Costco 不但符合，而且周转率高达 3.4 趟 / 年，比 2 趟 / 年大得多，可见其经营能力相当优异。您住家附近若有 Costco，可以看看一年 365 天，是不是几乎天天营业时间未到，就有大批会员在店门口等待开门呢？

接下来，我们看看总资产周转率第 2 名的沃尔玛，它是 2.38 趟 / 年，大于 2 趟 / 年的高周转率，正是流通业的特性。排名第 3 名的王品集团是 1.77 趟 / 年，也符合餐饮业要求高周转率的一般常识。第 4 名的鸿海集团，总资产周转率（翻桌率）高达 1.76 趟 / 年，与餐饮业模范生王品几乎是同一等级，也很接近流通业的标准（2 趟 / 年）。所以在科技业中，全世界都说台湾的 IT 制造业经营能力最好，因为该行业的指标公司鸿海，其总资产周转率已接近流通行业的等级；鸿海每投入资产 1 亿元，一年可创造出 1.76 亿元的业绩。

台积电的总资产周转率只有 0.55 趟 / 年，数字小于 1，通常是指资本密集（烧钱）的行业，符合台积电所在的半导体行业特性。资本密集并非原罪，也不是一定不好，只代表着该行业每年需大量投入资金更新设备，保持竞争力，故只要确认该公司有足够现金即可。从表中可看出台积电的现金与约当现金占总资产的 24%，做法非常正确与稳健。这像是您需要常常进出高级场所（烧钱），身上绝不能只带了 500 元现金，否则肯定非常容易出事！这么简单的道理，却不是每个人都懂，例如同属资本密集行业的茂德（DRAM）与胜华（触控面板），它们的现金与约当现金常年只维持在 5% ~ 8%，所以只要景气一反转，就会遭致灭顶危机，令人不胜唏嘘。

总资产周转率最低的，是 0.52 趟 / 年的 Google，代表它也是资本密集的行业。这也不难理解，因为 Google 全球有数十亿用户，免费提供大家 gmail、云端硬盘空间、免费搜寻数据等服务，皆需要大量的硬件投资与高速的运算能力，但身为使用者的我们分毫未付，所有的成本都由 Google 提供，所以 Google 的总资产周转率小于 1，Google 属于资本密集行业。

同理，网络公司的总资产周转率（翻桌率）通常都是小于 1，属于资本密集产业，所以都要确认它们的现金占总资产的比率是否落在 10% ~ 25% 的安全区间中！从图 3-6-1 中可知，Google 的现金占总资产比率为 49.1%，非常稳健。类似行业的现金占总资产比率也颇高，例如 Facebook（27.9%）、百度（57.9%）、腾讯（25.1%）、阿里巴巴（43%）。

有没有发现一个有趣的现象，大部分经营不错的网络公司，现金的总资产比率都远远大于我们建议的 10% ~ 25%？理由是什么？因为，经历过 2000—2001 年的网络泡沫化的人，都知道活着真好！只有手握现金的人或公司，才能在经济风暴中活下来。

存货周转率与存货在库天数分析

分析完最底下的总资产周转率，接下来，我们来看看每家公司的存货管理能力：存货周转率与存货在库天数（商品平均售出日数）。

表现最好的是 Google，其存货周转率高达 120.6 趟 / 年，也就是说平均 3 天左右，Google 的存货就卖出去了。数字会这么优异，是因为 Google 是一家网络公司，实体的存货并不多，只有少许云端硬盘或其他非常少数的实物产品。

Google 主要的收入，来自关键词广告等非实物性质的服务，而这些看不到，摸不到的东西，通常无法归类到存货这个具有实体特性的科目中。

存货管理表现第二好的是 Costco，其存货周转率为 12.04 趟 / 年，换句话说，Costco 卖场的商品平均每 30 天就全数卖出一次。接下来是制造业起家的鸿海，平均 33.5 天就将库存卖出，远优于流通业（货物流通很快的行业）Walmart 的 44.4 天。由此可见，鸿海的存货管理能力已接近 Costco，而且大幅领先于 Walmart；以制造业平均 90 天才能顺利将存货卖出的标准来看，鸿海的存货管控能力堪称世界一流，只需 33.5 天。

台积电的平均存货在库天数约为 49.2 天，也是非常厉害，因为半导体的制程通常需要 100 天左右。换句话说，台积电产品非常热销，一直被客户追着出货，处于供不应求的状态。

应收账款周转率与应收账款收现天数分析

接着，我们看一下应收款的经营能力：应收账款周转率与应收账款收现天数。

一般而言，只要应收账款收现天数小于或等于 15 天，我都会视为现金交易型的行业。现在客户采用信用卡付款的方式相当普及，而信用卡机构通常是 7 天或 14 天一结，换句话说，厂商通常要在 7 ~ 14 天后，才会收到消费者以信用卡刷卡支付的现金。

从图 3-6-1 中可知，Walmart 收现天数是 5 天，Costco 是 3.75 天，王品是 3.61 天，都符合我们的常识，因为它们都属于现金交易型的公司。台积电 44.95 天就能收到应收账款，以制造业平均 90 ~ 120 天才能收到账款的状况来看，这个数字非常优异。Google 则是 49.8 天，鸿海应收账款收现天数是 66.2 天，表现也都相当好。

应收账款收现天数这个指标，在评估一家公司的股票值不值得投资时，是一定要看的指标。因为上市公司常见的做假账手法，就是在境外开一家纸上公司，然后做假交易（塞货），此时做假账公司的损益表上，营收会不断创新高，净利也会创新高（如图 3-6-2 所示）！

您还记得损益表不是 100% 确定的，净利仅是预估值的概念吗？如果您只看损益表，就会误以为这家公司值得投资，因为它的营收、获利都创新高！

为了确认这家公司是否有做假账塞货的问题，您可以看

图 3-6-2 假交易的损益表示意

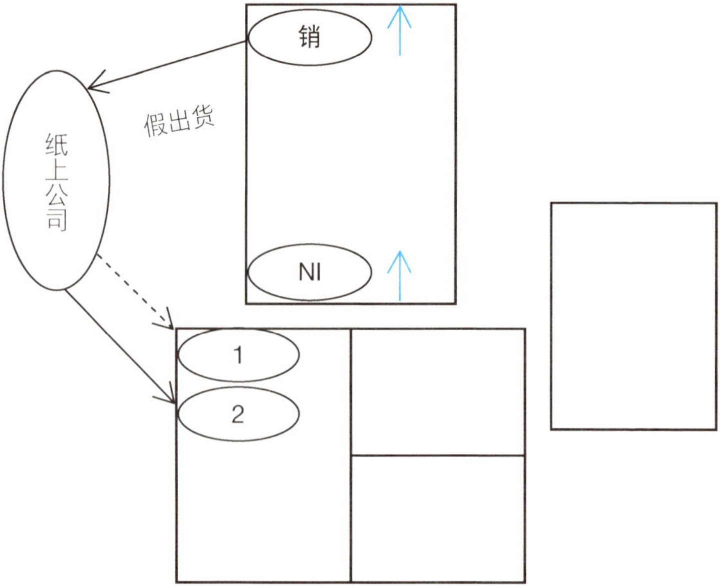

看应收账款占总资产的比率有没有突然偏高，或是应收账款收现天数明显越来越多。

货物售出后，一般情况下会有以下两种相对应的交易行为之一：现金增加（如果是现金交易型企业）或应收账款增加（如果是信用交易型的企业）。因为这家公司在营收数字上造假，所以不论时间过多久，他们都收不到现金，只能在应收账款这个科目上做手脚。当该公司的应收款占总资产比率，和过去 5 年相比不断增加（因为做假交易所产生的应收账款永远无法变成现金），或是该公司的应收账款回收天数越来越多，这就是一种警示。

所以，解读财务报表上的数字，必须配合一起看，就像看成绩单时不能只看一科，要全部成绩一起评估，才能看出一位学生的综合能力。另外谨记一个观念，财务报表因为涉及公司所有的经营活动，而一家公司通常不会一夜之间就突然变好或变差，故除非碰上罕见的特殊情况，财务报表不会发生青蛙变王子、一夕巨变的情况。如果一家公司心术不正，想在营收上动手脚，就会产生以下三种现象：

1. 它的现金占总资产比率会越来越少，因为假交易是收不到钱的。
2. 它的应收账款占总资产比率会越来越大。
3. 它的应收账款回收天数会越来越多。

这就是财务报表的特性：慢慢变好或是慢慢变差，报表上的数字不太可能在一夜之间大幅变动。希望这些常识能帮助大家在投资时，避开爱做假账的地雷股。

经营能力综合判断

通过上述的基本分析，如果要对上述 6 家公司进行经营能力的综合判断与排名，您会如何排名？

我的看法是：Costco ＞台积电＞ Google ＞王品＞ Walmart ＞鸿海。但不管您的排序为何，都算对，重要的是要能判断何谓好坏，然后加上自己独特的见解即可。

记得，财务报表的单一数字或是单一指标没有太大意义，只看单一指标或数字，容易产生错误的判断。这时候您可以加上前面学会的获利能力分析与经营能力分析，进行更深入的综合判断。我们同样根据那 6 家公司的 2014 年年报，来分析它们的获利能力指标（如图 3-6-3 所示）。

图 3-6-3　6 家公司获利能力指标参考

	Walmart	Costco	鸿海	台积电	Google	王品
RoA	8.03	6.2	6.02	19.33	11	9.54
RoE	20.10	16.7	14.8	27.88	13.8	17.95
毛利率	24.83	12.6	6.93	49.52	61.1	51.08
营业利益率	5.59	2.9	3.4	38.79	25	7.15
净利率	3.37	1.8	3.14	34.58	21.9	5.25
每股盈余 EPS	5.07	4.69	8.85	10.18	21.02	9.14

单位：%

由表中可知，同属流通业的 Walmart 毛利率为 24.83%，高于 Costco 的 12.6%。但赚钱的真本事：营业利益率与毛利率之间差距的费用率（指推销费用、管理费用、研发费用、折旧费用与分期摊销费用占总营收的百分比），Walmart 的费用率是 19.24%（24.83% — 5.59%），Costco 的费用率是 9.7%（12.6% — 2.9%）。

两家公司的 RoE 与每股盈余相差不大，若同时考虑经营能力相关指标，Costco 的总资产翻桌率比 Walmart 表现要好上很多（3.4 趟 / 年 vs 2.38 趟 / 年），且 Costco 的商品平均售出日数为 29.9 天，比 Walmart 的 44.4 天要快。两家公司都是现金交易型的，但 Costco 陈列的商品显然比 Walmart 畅销。通过分析获利能力与经营能力，如果您刚好有 100 万元想投资这种流通产业，应该看得出 Costco 是一个比较明智的选择。

接下来，我们简单分析一下大家最熟悉的两家公司：鸿海与台积电。它们同属制造业，整体来说经营能力相当优异。存货在库天数方面，鸿海为约 33 天，台积电约 49 天；应收款管理能力方面，鸿海约 66 天收到货款，台积电则是 45 天左右。

唯一不同的地方是半导体属于资本密集行业，故台积电的总资产周转率仅为0.55趟/年，鸿海则是大幅领先，高达1.76趟/年。若除去产业差异这个因素，这两家公司在经营能力上的数据，在全台湾肯定是非常优秀的。

接着我们分析两家公司的获利能力。鸿海的毛利率只有6.93%，台积电则是49.52%（显然真是一门好生意）。毛利率愈高，代表抵抗产业巨变的缓冲空间愈大，故台积电优于鸿海。费用率（毛利率—营业利益率）方面，鸿海是3.53%（果然是一个超级省的团队），台积电是10.73%（费用率在10%上下，代表具有相当大的规模经济），两家公司都表现不错。另外，两家公司的每股获利也在9～10新台币之间。

我们投资一家公司时，通常是以股东身份投资，故当两家公司获利能力差不多，规模经济在各自产业也名列前茅，则此时股东报酬率的高低便是一个关键参考指标。台积电的RoE是27.88%，远优于鸿海的14.8%。

综合以上分析，可以得出结论如下：

1. 鸿海与台积电的各项经营能力相当优异（除了资本密集这件事）。
2. 鸿海抵抗景气循环的空间较小。
3. 台积电是一门好生意（毛利率），有赚钱真本事（营业利益），且有规模经济（费用率与营业额率）。

加上台积电的经营能力也佳，属于拥有双好的公司（获利能力与经营能力）。这也是在财经电视与电台节目中，为何天天都会听见外资买进台积电多少张、卖出台积电多少张的理由，因为台积电是少数拥有双好的公司！

这本书的目的，在于教会大家如何判断公司的好坏！而找到好公司后，剩下的就是买入时机，这属于进阶运用的投资理财领域，读者可以从其他书籍或课程中自我学习。

3-7 做生意的完整周期是什么？

在3-5节中，我们提到“经营能力”的“中翻中”，就是“翻桌率”（周转率）的概念。换句话说，就是看公司资产负债表中的资产一年帮公司做了几趟生意。

除了通过这种专业的角度切入之外，还可以从做生意的完整周期来思考经营能力：公司采购部门买进材料交给工厂生产，做出来的产品存仓之后，交给销售部门把产品卖出去，最后再从客户手上收到货款，这一连串的过程就叫“做生意的完整周期”。

为了让大家清楚了解做生意的完整周期，所以我们将这一连串的过程画成图表（见图 3-7-1），分别编号为①~⑥。如果您注意看，①~⑤的过程其实就是存货周转天数，而⑤~⑥就是应收账款周转天数。①~⑥的完整过程，就是做生意的完整周期，不断重复，周而复始。

图 3-7-1 做生意的完整周期

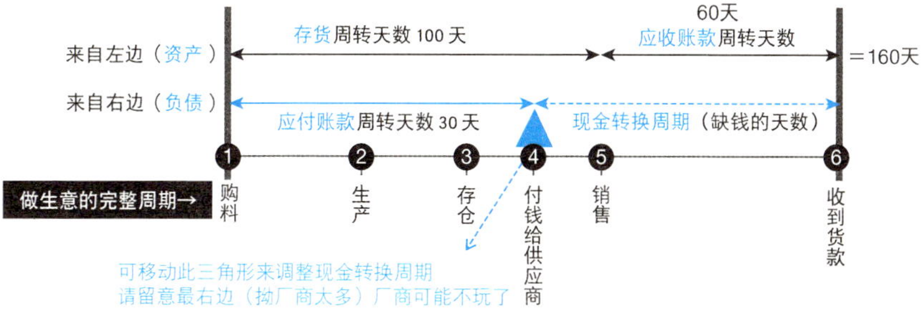

假设①～⑤过程中的存货周转天数是 100 天，⑤～⑥过程中的应收账款周转天数是 60 天，那么 100 天＋ 60 天＝160 天，就是这家公司做生意的完整周期。

假设这是一家小杂货店，一天的开销要 1 万元，如果您想要做这种生意，至少就要准备 160 万元的资金，才能跑完做生意的完整周期。如果是比较大型的企业，一天开销要 1 亿元，就代表需要准备 160 亿元的资金，才能从事这个行业——这就是做生意的完整周期最重要的概念。

除了用自己的钱之外，您还可以运用别人的钱，这叫作“借力使力”（Leverage）；做生意的完整周期中的①～④就是借力使力。换句话说，就是应付账款周转天数，运用供货商的钱来做生意。应付账款的概念就像应收账款，请回想一下，应付账款出现在资产负债表什么地方呢？其实它在资产负债表的右上方，所以您只要把右上方的数字拿出来，因为应付账款是付给供货商的材料钱，所以分母是成本的基础，分子也应该是成本的基础，也就是损益表上的销货成本，两个数字相除之后，得出：

$$应付账款周转率=\frac{销货成本}{应付账款}$$

假如这个数字计算出来是 12 趟，则 360 天 ÷12 趟＝30 天／趟，这就是应付账款周转天数。就像资产负债表有“左边＝右边”的概念，做生意的完整周期则是有“上方＝下方”的概念。

如果仔细看 3-7-1 这张图，存货周转天数 100 天，应收账款周转天数 60 天，刚好就是来自资产负债表左边的资产类科目。而应付账款周转天数，这个例子中是 30 天，刚好就是来自资产负债表右边的负债科目。左边＝右边，所以 100 天＋ 60 天＝ 30 天＋现金转换周期。

“现金转换周期”是专业人士文绉绉的用词，如果把它换成“中翻中”的俗话，就是**“缺钱的天数”**；在这个例子中，缺钱的天数是 130 天。这代表，如果您想从事这种行业，至少要准备 130 天的现金，才有资格做这种生意。

这 130 天应该用什么单位来相乘呢？如果保守一点，可以拿每一天的销货收入乘上 130 天，您也可以拿每一天的销货成本乘上 130 天，这代表您至少得准备这么多钱，才能和供货商持续做生意；最低限度的做法，至少要拿每天的管销费用（房租水电、人事等费用）乘上 130 天。这就是做生意的完整周期最重要的概念：我应该准备多少钱，才能维持公司的营运所需。

账款周转天数分析

接下来，我们来做一些简单的运用，利用图 3-7-1 来分析。

1. 如果您做生意都是以现金进行交易，请问您做生意的完整周期，会从 160 天变成几天？答案是 100 天，因为应收账款周转天数变成 0（因为您收现金），所以做生意的完整周期变成 100 天。应付账款周转天数如果还是 30 天的话，则您做生意至少要准备 70 天的钱，这就是缺钱的天数（专业术语叫“现金转换周期”）。

2. 如果您是老板，如何用最少的钱来做生意？其实很简单，首先，您可以缩短应收账款周转天数；另外，把要付给供货商的应付账款周转天数拉长，这样就可以用比较少的钱来经营您的事业。这就叫作**“快收慢付”**——应收账款快快收回，应付账款慢慢支付。
3. 图 3-7-1 中的三角形，如果往左边移，就代表对供货商特别好，等于亏待自己的公司。往右边移，就代表想借力使力、运用供货商的钱，但如果这个三角形往右边移太多，例如与任何供货商合作时，您要求的应付账款条件都是月结 360 天，这样的条款会很难找到供货商。所以实际上，建议采用“配合原则”：应收账款是我们卖货给客户之后，客户要给我们的钱，所以只要在应付账款周转天数上，尽量向供货商争取到跟客户给我们的天数是一样的，两者就可以相互抵消。

存货周转天数分析

通过上述的例子，应收账款周转天数解决了，应付账款周转天数的问题也解决了，现在就剩下管理好自己的存货，这叫“存货周转天数”（存货在库天数）。思考一下，该如何缩短公司的存货在库天数，让公司做生意的周期变短呢？我有三个建议。

1. 常用的做法是JIT（Just In Time）实时生产，或是BTO（Bill To Order）接单式生产。通过这两种方式，我们能够有效减少公司做生意的完整周期中所需要的存货资金。
2. 在公司经营周期初期，没有充足现金时，可以采用来料加工模式，这也是台湾一般中小型企业在初始营运过程中最常采用的生意模式。来料加工中的材料是由客户端提供的，故可以大幅降低中小企业所面临的资金压力。但这种生意模式也有风险，来料加工的企业只能赚到加工费，附加价值低，比较容易被其他竞争者取代，因为买方总是希望自己要付的加工费愈少愈好。
3. 改变存货的采购频率，例如单价比较低的原物料或存货，可以一次性下单，这么做是为了取得经济规模，降低材料的进货成本。但是，如果是高单价的原物料，则需采用相反方式，因为高单价的原物料如果没有妥善运用，企业经营的资金就会压在这些高价的存货上。

所以**针对高单价的原物料，通常应该采用少量多次的采购方式**，来将库存水位降到最低，减少公司资金的积压。

为了让大家更充分了解做生意的完整周期，我们再次拿之前 6 家公司的财务报表（见图 3-7-2）进行分析，以便了解各家公司做生意的完整周期大约需要多少天。

图 3-7-2　6 家公司财务报表参考

		Walmart	Costco	鸿海	台积电	Google	王品
经营能力（翻桌率）	应收账款周转率（翻桌率）	72.2	95.9	5.51	8.12	7.2	100.97
	应收账款收现天数（天）	5	3.75	66.2	44.95	49.8	3.61
	存货周转率（翻桌率）	8.1	12.04	10.9	7.42	120.6	4.16
	商品平均售出日数（天）	44.4	29.9	33.5	49.19	3	87.74
	总资产周转率（翻桌率）	2.38	3.4	1.76	0.55	0.52	1.77
	现金占总资产比率（%）	4.5	17.38	27.6	24	49.1	23.7

资料来源：2014 年各个国家和地区证管会，上市公司股市观测站

我们可以很清楚地看到，做生意的完整周期最短的天数是 Costco 的 34 天左右，接下来是 Walmart 的 49 天左右，这也刚好符合流通业产品流通快速的特性，平均做生意的完整周期都低于 60 天。Google 做生意的完整周期大约为 53 天，表现也相当优异。王品大约为 91 天，台积电大约为 94 天，鸿海集团大约为 100 天，而这几家公司，都是在个别产业非常具有代表性的公司。所以各位在分析时，可以用这些公司作为标杆（Benchmark），与其他竞争者比较，就能大约知道它们在个别的产业中，做生意的完整周期长短所表现出来的经营能力孰优孰劣了。

3–8 净利率这么低能活吗？

假设有一家公司，一年的净利率只有 5%，公司在外面的融资成本一年高达 24%，这种企业能活吗？

用常识判断，乍看之下似乎活不了，但是**低价如果转得快就有机会**。其中“转得快”，指的是经营能力的翻桌率高，例如低毛利率的行业（网络购物、电视购物、3C 流通业……），虽然净利率低，但是只要周转得快，还是有不错的获利机会。

在财务的领域，该怎么表达这个观念呢？其实很简单，只要投资报酬率大于资金成本率，就有机会存活。换句话说，只要这一家公司的投资报酬率，也就是 RoI（Return on Investment）高于资金成本率 24%，就有机会存活。RoI 的定义为：

$$投资报酬率\ RoI = \frac{Output}{Input} = \frac{收到的好处}{投入的成本} = \frac{收益}{成本}$$

但是财务报表上，并没有 RoI 投资报酬率这个数字，最接近的概念，是总资产报酬率 RoA（Return On Assets）：

$$总资产报酬率\ RoA = \frac{收到的好处}{投入的成本} = \frac{收益}{成本} = \frac{净利}{总资产}$$

到目前为止，公式只能表达到这里，所以一般财务人员在进行分析时，会乘上销货收入，再除以销货收入，最后将等式进行简单的移项变化。

$$\frac{净利}{总资产} \times \frac{销货收入}{销货收入} = 总资产报酬率\ RoA（移项之后）$$

$$= \frac{净利}{销货收入} \times \frac{销货收入}{总资产}$$

换句话说，RoA ＝净利率 × 总资产周转率（翻桌率）。

回到刚才的问题，就算净利率低，只要投报率大于资金成本率 24%，就有机会存活，因此目标为：RoA ＝净利率 × 总资产周转率（翻桌率）＞资金成本率 24%

假设这家公司的总资产一年可以做 10 趟生意，则总资产报酬率＝ 5% × 10 趟＝ 50%，大于资金成本率 24%，因此它可以存活下去，这就是低价如果转得快就能够存活的观念。换句话说，如果您的行业不只低价，还转得慢，就不太有机会能够获利。

所以，判断纯粹打低价的企业是否能活下来时，我们不能只看它卖得多不多来判断（营收规模大不大的概念），而是要看它转得快不快（经营能力翻桌率的概念）。只要翻桌率高，就有获利的机会。难怪销售净利率低的网络商城，会推出 24 小时或是 6 小时到货的服务，因为这样子才能转得快；逢年过节都会推出每季特卖、每月精选、每周特选、每日特价等促销活动，也全都是为了提高周转率。

RoI 投资报酬率为何可用 RoA 总资产报酬率替代

RoA 总资产报酬率这个指标，之所以可以用来取代 RoI 投资报酬率，是因为企业经营事实上只做四件非常重要的事（见图 3-8-1）：

图 3-8-1 企业经营四大关键

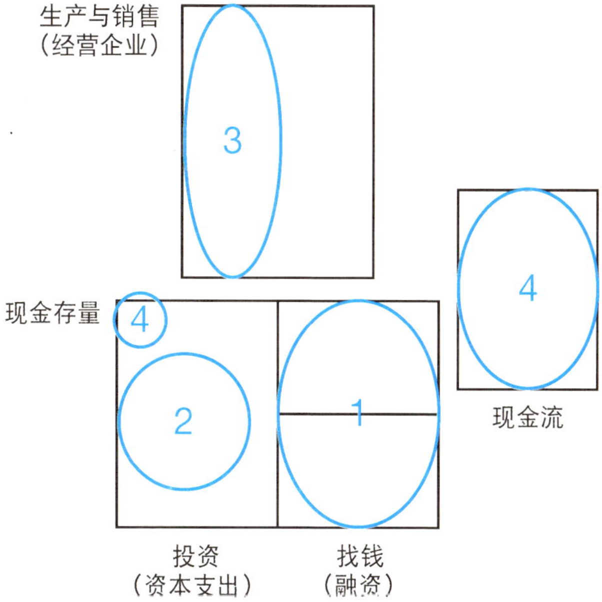

1. 想办法去找钱，也就是通过金融市场（银行）或是资本市场（股东）这两个来源去找钱。翻成术语，就叫作**“融资策略”**，如图 3-8-1 标示的区域①。
2. 融资进来的钱，交给老板投资（花钱），去买企业经营所需的资产。翻成术语，就叫作**“资本支出”**，如图 3-8-1 标示的区域②。

3. 买进来的设备，再交给研发与生产单位，从事产品的研发与制造，最后由销售团队卖给客户。这就是所谓的**“企业经营”**，如图 3-8-1 标示的区域③。
4. 实际上产品销售与原物料采买，通常不是现金交易，所以会有应收账款、应付账款。怎么把公司账面上赚到的钱（净利），变成现金回到公司，就是所谓的现金流量表，如图 3-8-1 标示的区域④。

公司为了永续经营，会一直重复上述四件事，所以传统的投资报酬率 RoI，换成公司的角度就是 RoA 总资产报酬率。公司花钱投资买了一些机械设备，这些资产一年能帮公司赚多少钱，就是一般人所谓的投资报酬率 RoI：投入的成本，能帮我带来多少好处。所以在财务的领域中，RoI 可以用 RoA 替代进行分析。

3–9 两家公司 RoA 很接近，该怎么判断好坏？

如果您有一笔资金可供投资，目前看上两家公司。一家是 Walmart（沃尔玛），RoA 为 10.1%；另一家是 Tiffany，RoA 为 11.2%。请问，您该投资哪一家？

当 RoA 的差异很大时，一般人在决策时非常容易判断，但在这个例子中，两家公司的 RoA 非常接近，无法马上做出决定。其实，您只需要运用前面教的两个观念，将翻桌率展开来分析。首先，我们先进行小展开：

$$\text{总资产报酬率 RoA}=\frac{\text{收到的好处}}{\text{投入的成本}}=\frac{\text{净利}}{\text{总资产}}$$

$$=\frac{\text{净利}}{\text{总资产}}\times\frac{\text{销货收入}}{\text{销货收入}}$$

$$=\frac{净利}{销货收入}\times\frac{销货收入}{总资产}$$

$$=净利率\times 总资产周转率（翻桌率）$$

所以：

Walmart 的 RoA = 10.1% = 4.2% × 2.4 趟

Tiffany 的 RoA = 11.2% = 13.1% × 0.85 趟

如果从获利能力来分析，可以看到 Tiffany 的净利率[①]高达 13.1%，明显优于 Walmart 的 4.2%。但是若从经营能力的角度来分析，Tiffany 一年总资产只为公司做了 0.85 趟生意；而 Walmart 一年总资产为公司做了 2.4 趟的生意。换句话说，Walmart 的经营能力远优于 Tiffany。

还记得前面提过，如果获利能力与经营能力不可兼得的时候，要以经营能力为主吗？因为获利能力很容易被外部的竞争者给破坏掉。例如在乡下种香蕉，一年可以赚 2000 万元，毛利非常高；隔一年，您就会发现整个村庄的村民全都在种香蕉。如果一家餐厅卖的蛋挞生意大排长龙，隔几个月，您

① “净利率”即指“销售净利率”。

就会发现整条街上都在卖蛋挞。这就是资本主义唯一能确保的事情：只要某一个行业的毛利够高，被其他人知道后，竞争者将源源不绝地出现，这就是所谓的“蛋挞效应”。

所以，即使您有高毛利，仍然无法有效抵挡外来竞争者的入侵。但是，经营能力属于公司内部的一种能力，强调的是这家公司如何有效运用应收账款、存货、固定资产与总资产，进行最有效的配置与运用。这些经营能力背后所代表的运用逻辑（Know how），一般竞争者是不得其门而入，也偷不走的。所以**当经营能力与获利能力不可兼得的时候，要选经营能力**；以本例来说，您应该选择 Walmart。

从做生意的完整周期角度进行分析

除了上述的分析，我们也可以从做生意的完整周期角度进行分析。由图 3-9-1 中，可以看到 Walmart 的做生意的完整周期＝存货周转天数＋应收账款周转天数＝ 40 天＋ 4 天＋ 44 天，Tiffany 的做生意的完整周期＝ 440 天＋ 23 天＝ 463 天。

假设经营这类公司一天需要 1 亿美元的开销，做 Walmart 这种生意，就需要 44 亿美元的资金；Tiffany 做生意的完整周期中，就需要 463 亿美元的资金。

所以如果您要投资这两家公司，Walmart 的获利能力普

图 3-9-1　Walmart 与 Tiffany 的做生意的完整周期

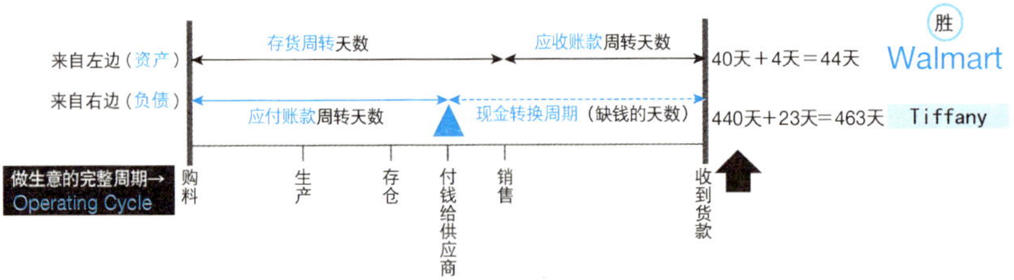

通，但经营能力相当优异，而且做生意的完整周期很短，所以一年可以做很多趟的生意；Tiffany 的获利能力非常好，是 Walmart 的 3 倍多，但经营能力相较而言比较弱，而且做生意的完整周期需要 463 天，产品的销售速度比较慢。

以投资的观点来看，不论从何种角度分析，明智的选项都应该是 Walmart。这也是每当市场不景气时，专业投资机构都会选择加码投资这类公司的理由：收现金的行业，做生意的完整周期短，而且是不论市场是不是景气都需要的民生需求产业。

另外，Tiffany 的 440 天"存货在库周期"代表什么意思呢？也就是 Tiffany 的精品包，平均会放在架上多达 440 天，第 441 天才能卖出去。如果您觉得目前工作压力很大，建议您可以去 Tiffany 应征工作，当您成为 Tiffany 的导购，如果一年内完全没有成交过一笔订单，也不用担心，因为公司平均

440 天才卖出一个包，代表您至少可以在那里工作到第 441 天。当您被开除之后，也请不要转行业，直接再去 Chanel 或 Bvlgari 继续上班，因为万一您都不懂如何销售，这三家公司至少可以让您待上 5 年。而这 5 年期间，您最重要的任务就是：找一个有钱人，把自己嫁出去！

当您学会财务报表这些数字背后代表的意义后，其实对您找工作也有很大的帮助。如果您去过 Costco，会发现这家美式卖场的工作人员一直非常忙碌，而且走路速度很快，因为他们做生意的完整周期很短，大约只有 34 天，属于速度很快的流通业，所以实务工作上就会很忙！

学会这个章节，可以查询一下您现在服务的公司做生意的完整周期。如果天数很少，代表平常工作压力大是正常的；如果天数很多，就代表这是一个优雅、慢动作的行业，例如精品业、军工业与高价医疗器材行业。您看，拥有正确的数字观念，在找工作的时候，就能发挥临门一脚的功效！

除了找工作，这些数字概念在消费购物时也能帮上忙。例如 Tiffany 存货在库天数长达 440 天，如果您看上一个包，手上的现金又不够，这个时候不需要跟导购员说您要存几个月的钱再回来买，因为那个精品包通常会留在原地，平均等您 440 天才会被卖出去。

进阶活用：产品或服务应该要卖高价或低价？

除了考虑市场供需、需求强度、产品定位、市场区隔、竞争状况等因素之外，产品或服务的定价也需要考虑做生意的完整周期。

假如您是军火供货商，做生意的完整周期平均多于1500天，也就是平均需要超过4年才能再循环做第二轮的生意，这时就不能采用低价策略，一定要想尽办法定位成高价商品。

假设您是Walmart的店长，店内做生意的完整周期平均需要44天；换句话说，经过44天，就能做下一轮的生意。这个时候就能采用低价，因为低价要能够存活，必须转得快，指的就是周转率。

实务上，我会建议做生意完整周期要少于60天，才有启动低价竞争的本钱；如果多于200天，就不要轻易打价格战。

职场上许多朋友问我："如果定价低一点，业绩会不会好一点？"其实这个题目的方向搞错了，我们应该问自己的是："如果价格高一点，营收会减少多少？"

因为，毛利远比营业额更重要！毛利率越高，代表我们能抵抗景气波动或外部竞争者的缓冲空间越大。

营业额为 500 万元、毛利为 200 万元的公司，远胜过营业额为 1000 万元、毛利为 200 万元的公司。因为营业额只有 500 万元的公司，虽然进货成本没有规模经济的效益，会稍微高一点，但在毛利率高达 40% 的情况下，扣除管销费用后，最后在损益表上的净利不会太差。

如果我是您，我会找许多方法来提高毛利率，而不是降低毛利率。因为毛利率远比营业额更重要！

除非在低价的情况下，您能转很快；换句话说，就是您所在的公司做生意的完整周期比较短。通常做生意完整周期少于 60 天的企业或行业（例如沃尔玛、好市多、7-11、全家、家乐福等），或是总资产的翻桌率（经营能力）特别好的公司，才有本事采用低价营销存活在市场上。

PART

4

现金流量表

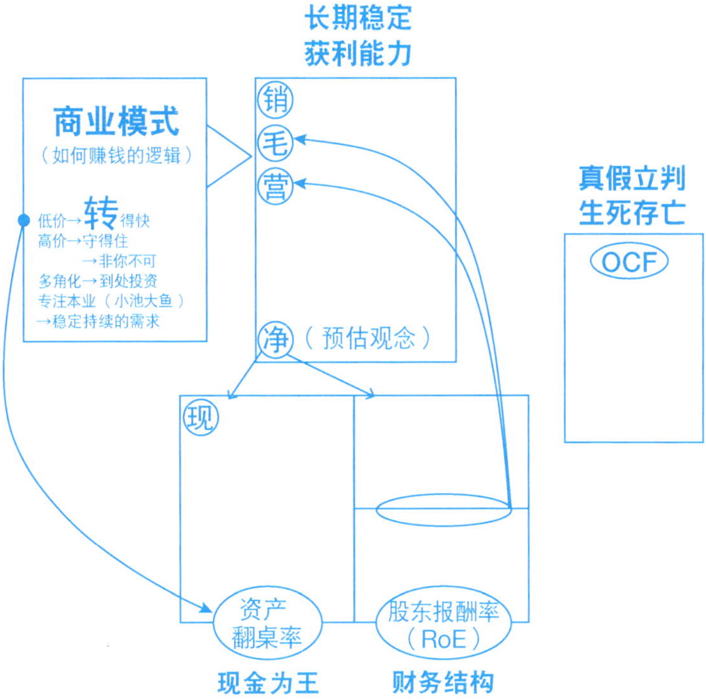
长期稳定
获利能力
商业模式
（如何赚钱的逻辑）
低价→转得快
高价→守得住
→非你不可
多角化→到处投资
专注本业（小池大鱼）
→稳定持续的需求
销
毛
营
净（预估观念）
真假立判
生死存亡
OCF
现
资产
翻桌率
股东报酬率
（RoE）
现金为王
财务结构

4-1 消失的第三张最关键报表

在 1987 年以前，会计师不管现金流量的事，因为他们认为那是出纳人员的本分，并非会计师的专业领域之一。但是 20 世纪 80 年代发生了很多企业作弊案，所以在 1987 年后，美国财务会计准则委员会（FASB）才要求所有上市公司的财务公开信息，需要加入第三张报表：现金流量表（cash flow statement）。

我们顺便来复习一下前面章节所学到的重要观念，让大家再次了解，财务报表不能只看一张或只看特定科目，否则很容易被造假的手法欺骗，需要将三张报表摆在一起看才能看出报表的真实性与完整的关联性。

损益表造假

第一张报表是损益表，它是推估的概念，不是 100% 确定的数字，损益表只能告诉我们一家公司在一定时间内，到底是赚钱还是亏钱。

所以，损益表是流量的概念、预估的概念，特别容易作假。例如，我们只要在境外免税天堂开一家纸上公司，然后塞货给这家假公司，那么我们公司的损益表，就会出现销货收入增加、净利也大幅增加的假象，如图4-1-1里面的①。

因为这是一笔假交易（塞货，美化公司损益表上的净利表现），所以公司不会真正收到现金。感谢会计制度有借贷平衡的基本要求，所以这家公司只能在应收账款这个科目上动手脚。这笔生意本质上是假交易，于是该公司的应收账款会不断地增加，应收账款占总资产的比例也会越来越高，如图 4-1-1 的②。如果您没有学过财务报表，就会以为这家公司的获利状况很好，值得投资。

还好您正在研读本书，所以可以将上一个章节经营能力（翻桌率）的概念拿来分析运用。这时您就会发现，假交易型公司的应收账款收现天数，会从原先的 90 天慢慢增加到

图 4-1-1　做假账的流程

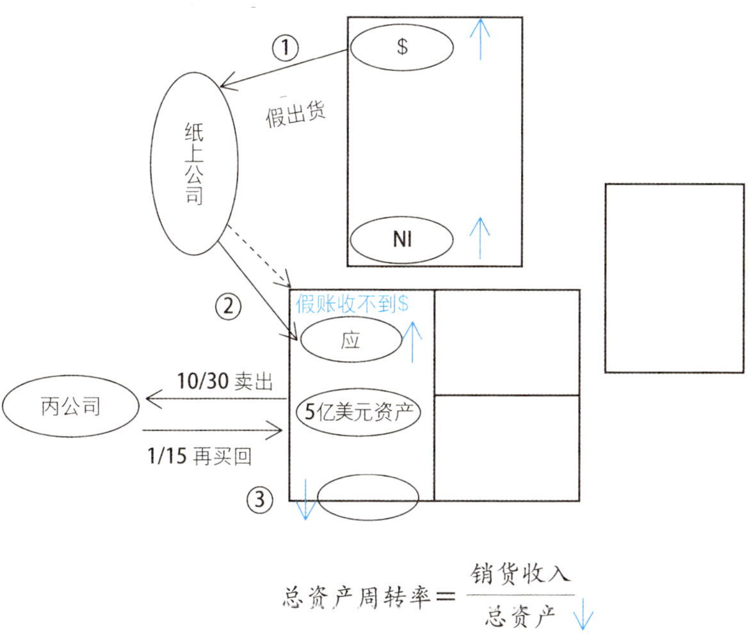

100 天、120 天、180 天……360 天。如果一家公司的应收账款回收天数呈现这种趋势，通常就代表它在销货收入上，使用了塞货的做假账手法。

这也是沃伦·巴菲特要求看财务报表时，基本上要看 5 年甚至更长时间的原因。因为假的东西难以长久，即使做假账的人再厉害，只要作假，一定都会留下蛛丝马迹，所以一旦时间拉长，总有东窗事发的一天。

第二个做假账手法，就是调整会计制度，例如改变折旧费用或分期摊销费用的处理方式，如 2-4 节所提到的垃圾处理公司。以上两种方法，是损益表上最常见的两个做假账手法。

资产负债表造假

接下来，让我们看看如何在资产负债表上动手脚。

假设您是一家上市公司的专业经理人（总经理），除了基本的年薪之外，董事会同意您依照公司经营的绩效与公司股价的表现，额外提供特别分红给您。您接手经营这家公司，经过一年的不懈努力，结果总资产周转率偏低，只有 0.98 趟 / 年，再加上公司并不是资本密集型（烧钱型），所以董事会对您有些不谅解。

为了美化公司的经营能力（总资产周转率），您请了和自己关系密切的另外一家公司的总经理帮忙，将您公司目前没有使用的闲置资产（价值 5 亿元），于 10 月 30 日卖给您的好友（丙公司）。

这时候，由于总资产周转率＝销货收入 ÷ 总资产，假设分子（销货收入）没有改变，但分母（总资产）少了 5 亿元的资产，如图 4-1-1 的③，所以总资产周转率瞬间提升为 1.05 趟 / 年。这桩假交易，让您的经营能力瞬间提升，于是在年底绩效考核时，您可以顺理成章拿到几千万元的红利。

来年 1 月 15 日，您再请朋友将原先买的 5 亿元资产，卖回给您自己的公司，其实投资人是不容易发现的。因为资产负债表是当天余额（存量）的观念，年报的数据，只会显示 12 月 31 日那一天（当天余额）的状况，所以您在 1 月 15 日当天做的买回动作，只会显示在下一个年度的资产负债表中。

这个虚构的故事，代表资产负债表也是非常容易上下其手的报表。当然实际上不会出现这么笨的做假账方式，只是想让大家了解本书不断强调的最核心观念：**财务报表不能只看一张或只看特定科目，需要将三张报表摆在一起看才能看出报表的真实性与完整的关联性**。所以我们才会说，消失的第三张报表——现金流量表，才是最关键的报表。

现金是公司生存的必要条件

如果阅读财务报表的过程中只关注损益表或资产负债表，而没有查阅现金流量表，就好像入宝山空手而回的感觉一样。

现金流量表为什么这么重要？因为损益表上最下面一个数字（净利）是正数，当然值得高兴，但净利是正的，只代表您公司有获利，获利不能保证公司一定能持续生存下去！别忘记，损益表是推估的概念，每年倒闭的数千家公司之中，有些在倒闭的当天账面上还有获利（俗称**“黑字倒闭”**），这到底是怎么回事？它们是因为手上没有足够的现金，**不断成长到破产**！公司没有获利还可以照常营业很久，可是只要几天没有现金，您的公司就无法生存下去！

想想看，如果您是公司的老板，现在公司缺钱，有什么地方可以变出现金呢？一般人根据常识，会马上想到以下三种方法：

1. 低价促销换现金、减薪、放无薪假、裁员等各种成本与费用管控措施。
2. 要求业务员追应收账款、将存货转卖、将公司闲置的机械设备卖出去。
3. 要求采购员将应付账款往后延、找银行融资借钱、请股东帮忙增资。

我们来试着将这些常识进行“中翻中”。第一类的几个方法，就是在营运过程中，想尽办法挤出现金，或是减少现金的支出。这些动作相对应的会计科目，都来自损益表，所以“中翻中”就是“营业活动的现金流量”：主要就是以损益表的净利为基础，再将不是真正现金支出的折旧费用与分期摊销费用加回来，经过简单的计算，就是所谓的**营业活动现金流量**。

还记得公司有钱之后就会兵分两路吗？往左边走叫“资产配置”“投资策略”或是“资本支出”；往右边走，称为“处理债务”“融资策略”或是“财务杠杆”。第二类的几个变出现金做法,相对应的会计科目都是源自资产负债表的左边，所以“中翻中”就是**“投资活动的现金流量”**。第三类几个变出现金的做法，主要集中于银行与股东上，刚好就是资产负债表的右边科目，所以“中翻中”就是**“融资（理财）活动[①]的现金流量”**。

借由刚才生活常识的推导，您会发现，现金流量表最主要有三个部分，包括：

1. 营运活动的现金流量（主要来自损益表）。
2. 投资活动的现金流量（主要来自资产负债表左边的

① 融资活动，大陆一般说法为“筹资活动”。

科目）。

3. 融资（理财）活动的现金流量（主要来自资产负债表右边的科目）。

换句话说，只要有上一期与这一期的损益表，加上期初与期末两张资产负债表，就能推导出现金流量表（见图 4-1-2）。所以我们将三张报表画成图标的立体模型，让您可以清楚知道三张报表的因果与互动关系。希望您读到这个章节以后，就有完整的财务报表立体观念。

图 4-1-2 现金流量表与损益表、资产负债表的互动关系

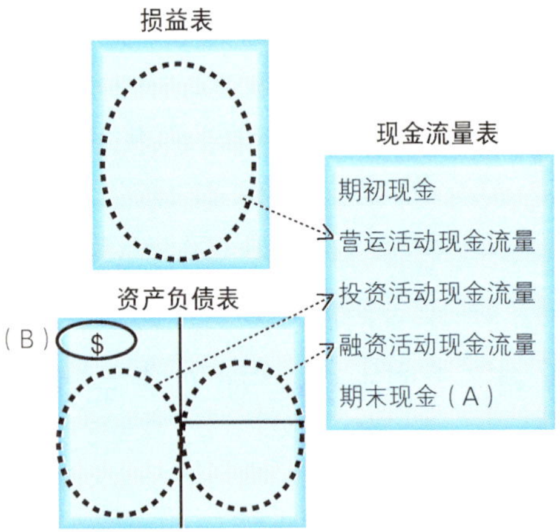

特别说明：

	期初现金
+	营运活动现金流量
+	投资活动现金流量
+	融资活动现金流量
	期末现金

且，

期末现金 = 现金与约当现金

（A）=（B）

4-2 现金流量表上的数字含义

现金流量表是一张现金进进出出的报表，只要有任何现金流入公司，在现金流量表上就会以**正值**表示；如果现金从公司流出到其他地方，在现金流量表上就会以**负值**表示。

例如，您看到一家公司的现金流量表，显示该公司的营运活动现金流量为“+18 亿元”，就代表这家公司今年以来，通过损益表扎扎实实为公司赚进 18 亿元现金。如果该公司的营运活动现金流量为“−9 亿元”，就表示这家公司去年一整年在销售过程中，实际上亏了 9 亿元白花花的现金。**任何现金流入公司叫“+”，代表正值；任何现金流出公司叫“−”，代表负值**。

如果该公司的投资活动现金流量呈现的数字为 +15 亿元，代表这家公司在去年一整年的经营过程中，有卖出资产的动作，所以才会有现金 15 亿元流入公司。**一般情况下，投资活动的现金流量多为负值，**因为公司为了永续经营，必须持续不断地投资更多的机械、设备厂房等资产，为公司创造更多的收入。当您看到一家公司的投资活动现金流量为 -18 亿元，通常代表这家公司看好自己的行业与景气发展，所以加码 18 亿元现金买更多的机械设备、厂房，以满足未来大幅成长所需。

如果该公司的融资（理财）活动现金流量为 +100 亿元，可能代表这家公司从银行体系借款 100 亿元、发行公司债券 100 亿元，或是向股东增资 100 亿元；也可能是综合上述的三个做法，总共融资 100 亿元。如果您想了解这家公司的实际做法，可以去看融资活动现金流量的细部科目。

同理，如果这家公司的融资活动现金流量为 -40 亿元，通常就代表这家公司对银行还款 40 亿元（现金流出）或是给股东分红 40 亿元，或是同时做了上述两个动作。因为您不是专业财务背景出身，现金流量表先掌握到这种大方向即可；如果对该公司的实际做法有兴趣，可以再看看融资（理财）活动现金流量的细分科目。

实际现金流量分析

有了这三类现金流量的分类，以及现金流入公司叫“+”，现金流出公司叫“-”的概念，我们来看看以下三家公司的实际现金流量表（见图 4-2-1）。

图 4-2-1 台积电、鸿海、大立光之现金流量表

单位：百万元

	2013	2014
台积电		
营业活动现金流量（来自损益表）	347384	421524
投资活动现金流量（来自资产负债表左边）	(281054)	(282421)
融资活动现金流量（来自资产负债表右边）	32106	(32328)
鸿海		
营业活动现金流量（来自损益表）	172752	190676
投资活动现金流量（来自资产负债表左边）	(33906)	(62250)
融资活动现金流量（来自资产负债表右边）	31696	(158218)
大立光		
营业活动现金流量（来自损益表）	11300	19688
投资活动现金流量（来自资产负债表左边）	(5160)	(5472)
融资活动现金流量（来自资产负债表右边）	(2302)	(3719)

※ 资料来源：台湾股市观测站

◎营业活动现金流量

台积电在2013年与2014年这两年，分别从损益表上扎扎实实为公司赚进3474亿新台币和4215亿新台币；鸿海的营业活动现金流量，则分别为1728亿新台币与1907亿新台币。两家公司的赚钱能力表现都非常优秀。大立光的营业活动现金流量，分别为113亿新台币与197亿新台币，虽然也是非常赚钱，但与前两家公司的绝对值相比，就是小巫见大巫了。

◎投资活动现金流量

台积电这两年的资本支出（购买机械设备厂房的支出），分别为2811亿新台币与2824亿新台币。这是非常大的数目，这也就是为什么张忠谋先生会受到业界高度的推崇。高达数千亿新台币的资本支出，同时也反映出台积电对未来景气看好的程度有增无减。

鸿海集团这两年的资本支出分别为339亿新台币与623亿新台币，也是不断增加，代表鸿海集团也是看好未来经济发展的前景。从就业市场与投资台湾的角度来看，这两家公司对台湾做出了很大的贡献。

大立光公司这两年的投资活动现金流量分别为52亿新台

币与55亿新台币，也是对未来景气保持偏多的看法。但从投资力度与总金额来看，大立光与台积电、鸿海属于两个不同等级的企业。

◎融资（理财）活动现金流量

台积电这两年的数据分别为+321亿新台币（代表有对外融资现金流入公司）与−323亿新台币（通常代表还款或是股东分红），至于实际具体的做法，则需要再看理财活动现金流量的细部科目。而鸿海集团的理财活动现金流量分别为+317亿新台币与−1582亿新台币，即使不去看细部的科目，也能大概猜出−1582亿新台币应该不是用于股东分红，而是以偿还对外负债为主，因为如果有这么大金额的股东分红，新闻媒体一定会大肆报道到人尽皆知的程度。大立光公司的理财活动现金流量分别为−23亿新台币与−37亿新台币，以这个现金流出的金额来看，应该有很大部分是股东分红。

这本书的目的不是要教您成为财会人员，而是让您运用现有的常识，即可判断出很多财务报表数字的真实意涵。通过这个简单的分析，希望大家能用常识轻松读懂现金流量表，先掌握大方向，不要为了细节而见树不见林。

新闻媒体常常报道“某家公司营收创新高，获利也创新高”的新闻，以后当您看到这种消息时，第一时间应该要想到一个重要的观点：**净利是推估值，不是100%确定的**。然后接着去看这家公司的现金流量表，看看它的营业活动现金流量（OCF, Operating Cashflow）是否为正值。

现金流量表是一张**真假立判、生死存亡**的报表，这也说明了为什么沃伦·巴菲特会这么重视自由现金流量（FCF, Free Cashflow）：

自由现金流量=营运活动现金流量–该公司为了持续生存下来所需要的基本资本支出

自由现金流量代表的是公司真正能自由运用的资金。从这个公式的定义来看，其实巴菲特认为最重要的财务指标之一，就是**营业活动现金流量**。您没有获利，还是可以照常营业很久，但只要一天没有现金，就无法生存下去！

4-3 现金流量表案例解析

还记得 1-1 节中的张晓月与苏丽雯吗？如今我们有完整的财务报表立体观念，可以重新探讨究竟该怎么投资了。

张晓月决定自行创业，因为过去工作经验的累积，她决定做进口食材的生意；职场上有认识的供货商，对方同意给她月结 30 天的付款条件。张晓月创业当天，银行存款只有 1 万元（为了让案例简单，所以存款故意设得少），进口食材的生意毛利率高达 40%。创业初期很艰苦，所以借用亲人房屋作为办公室，房租、水电费一个月只要 1 万元；假设是 1 人公司，没有员工，自己也不领薪水。上游供货商提供她月结 30 天的付款条件，为了开发客源吸引新客户，她提供月结 60 天的交易条件。前 3 个月，张晓月创业的损益表如图 4-3-1 所示，她非常厉害，一创业就开始赚钱了。

苏丽雯也决定自行创业，因为身边朋友都在做餐饮业，相处久了也对餐饮业有些了解，所以决定做早餐店生意。创业初期，苏丽雯手上也只有现金1万元；早餐店毛利没有她想象的高，毛利率只有30%。因为主要客户是上班族，所以她被迫在公车站附近找店面，一个月房租、水电费高达3万元，假设一样是1人公司，没有员工，自己也不领薪水。早餐材料的供货商都是朋友介绍的，同意给她月结60天的付款条件，创业初期前3个月的损益表如图4-3-1所示，她一直处于亏损状态，好消息是亏损的金额越来越小。

您还记得当时选择投资哪一位吗？如今再想想，谁比较有机会创业成功？

图4-3-1 两位创业者的损益表

张晓月

损益表

	1月	2月	3月
销货收入	20000	30000	45000
销货成本	12000	18000	27000
销货毛利	8000	12000	18000
营业费用	10000	10000	10000
净利	(2000)	2000	8000

苏丽雯

损益表

	1月	2月	3月
销货收入	50000	75000	95000
销货成本	35000	52500	66500
销货毛利	15000	22500	28500
营业费用	30000	30000	30000
净利	(15000)	(7500)	(1500)

会误导人的损益表

乍看之下，张晓月的损益表相当亮眼，不但业绩每月成长 50%，毛利率又比苏丽雯高出 10%，而且张晓月的营业费用只有苏丽雯的 1/3。一般人都会认为，张晓月的公司充满获利与投资潜力；不管是从什么方面来分析，张晓月的公司都比苏丽雯的公司表现亮眼。

但是真实的情况是，张晓月的公司破产了！为什么？请回想本书不断强调的三个观念：

1. 财务报表不能单张看，只看一张损益表一定会看走眼！
2. 损益表这张报表是推估的概念，它本身不是 100% 确定的数字。
3. 营业额不等同于现金，净利也不等同于现金！

为了进一步分析这两家公司的差异，我们需要看现金流量表！复习一下，现金流量表主要有三个大分类：

1. 营业活动现金流量：主要是由损益表上的数字整理而来的。

2. 投资活动现金流量：主要是由资产负债表左边资产科目的加减（期末—期初）而来的。
3. 融资（理财）活动现金流量：主要是由资产负债表右边的科目加减（期末—期初）而来的。

在这个简单的案例中，这两家公司都没有投资活动，也没有融资活动，所以只需要关注它们的营运活动现金流量即可。营运活动的现金流量，主要包含三个小项目：

1. **收入**：产品售出后的货款（应收账款），什么时候会变成现金流入公司？
2. **成本**：买材料的成本（应付账款），什么时候要从公司流出到供货商的银行账户？
3. **费用**：公司每个月的房租，水电、人事等费用（营业费用），什么时候会从公司的银行账户流出现金？

所以我们只需要关注这两家公司的三个类别（收入、成本、费用），就可以推估这两家公司的现金流量表，如图4-3-2所示。

我们先来看看期初现金。两个人创业的时候，银行存款只有 1 万元，所以两家公司的现金流量表期初现金都是 10000 元。

图 4-3-2 由损益表推出现金流量表

单位：元

张晓月

损益表

	1 月	2 月	3 月
销货收入	20000	30000	45000
销货成本	12000	18000	27000
销货毛利	8000	12000	18000
营业费用	10000	10000	10000
净利	（2000）	2000	8000

现金流量表

	1 月	2 月	3 月
期初现金	10000	0	（22000）
营业 CF －收入	0	0	20000
营业 CF －成本（买料）	0	（12000）	（18000）
营业 CF －费用（管销）	（10000）	（10000）	（10000）
期末现金	0	（22000）	（30000）

苏丽雯

损益表

	1 月	2 月	3 月
销货收入	50000	75000	95000
销货成本	35000	52500	66500
销货毛利	15000	22500	28500
营业费用	30000	30000	30000
净利	（15000）	（7500）	（1500）

现金流量表

	1 月	2 月	3 月
期初现金	10000	30000	75000
营业 CF －收入	50000	75000	95000
营业 CF －成本（买料）	0	0	（35000）
营业 CF －费用（管销）	（30000）	（30000）	（30000）
期末现金	30000	75000	105000

接下来，我们看看“营业活动现金流量—收入”的部分。张晓月创业的时候，为了吸引新客户，给客户月结60天的交易条件，所以损益表上的1月份销货收入20000元，要等到3月份的时候，才会变成现金流入公司；2月份的销货收入30000元，要到4月份才会变成现金流入公司，依此类推。

处理完收入类别的营运活动现金之后，接着我们来看“营业活动现金流量－成本（买料）”。张晓月在1月份的销货成本为12000元，因为供货商是职场认识的朋友，同意月结

30 天再付款，所以 1 月份的销货成本 12000 元，会在 2 月份的时候变成现金流出；2 月份的销货成本 18000 元，会在 3 月份的时候以现金的形式流出，依此类推。

最后来处理“营业活动现金流量 - 费用（管销）”。1 月份的营业费用 10000 元，因为是房租、水电费，需当月就支出，所以显示为 1 月份的现金流量表流出现金 10000 元；2 月份的管销费用 10000 元，也会落在 2 月份的报表中，依此类推。

根据上述推导，我们可以依序算出每个月的现金流量：

某月份的现金流量＝期初现金＋营业活动现金流量（收入）—营业活动现金流量（成本）—营业活动现金流量（费用）＝期末现金

所以张晓月在 1 月份的期末现金，刚好等于零。本期的期末现金，等于下一期的期初现金，所以 2 月份的时候，张晓月的现金流量表期末现金是 -22000 元，3 月份的期末现金为 -30000 元。金额太小您可能没有感觉，如果把金额换成以“万元”为单位，相当于张晓月在 2 月、3 月的资金缺口，分别高达 2.2 亿元、3 亿元。

由此可知，如果没有做任何动作，基本上张晓月这家公司已经周转不灵，即将面临破产的危机。

相较之下，苏丽雯的现金流量安全许多。她的期初现金一样都是 10000 元，而 1 月份销货收入 50000 元，会直接落在 1 月份，因为买早餐时都是现金交易，没有老板会让客人月结 60 天。同理，2 月份、3 月份的销货收入，都会落入当月份的营业活动现金流量（收入）。

处理完收入类，来看看成本支出。因为早餐供货商提供给她月结 60 天的付款条件，所以 1 月份的销货成本 35000 元，会落在 3 月份；2 月份的销货成本，会落在 4 月份。营业费用的状况与张晓月相同，当月的支出会直接反映在同一月份的营业活动现金流量 – 费用（管销）上。

用同样的方式计算苏丽雯的期末现金。1 月份，她手上现金有 30000 元；2 月份，手上现金有 75000 元；3 月份手上现金有 105000 元！把单位都换成“万元”，重新解读苏丽雯的现金流量表，相当于这家公司 1 月底的时候手上现金有 3 亿元，2 月底有 7.5 亿元，3 月底时有 10.5 亿元的现金。

用"快收慢付"解决现金周转危机

请您想想看，要用什么方法，才能挽救张晓月的公司呢？

答案很简单，四个字就解决了：**"快收慢付"**！应收账款要快快收回，原本给客户的60天付款条件，改成30天，甚至是现金交易。应付账款则慢慢结清，给供货商的货款原来是30天付款，要想办法争取成月结90天。

其实靠着"快收慢付"这个四字箴言，就能救活张晓月的公司。但如果您没有基本的财务数字能力，就容易听信身边没有老板思维的朋友给您的建议，例如进口食材没有市场、客源少，必须转型为卖火锅、糕点或其他商品。

事实上，张晓月根本不需要转行，因为她的毛利率高达40%，这真是一门好生意！再者，她的公司每月业绩都呈现50%大幅成长的态势，代表市场需求旺盛、商机无穷，完全没道理转行。如果您当了老板，却听从拥有员工思维的人的意见，常常会误入歧途，因为老板和员工的思维是完全不一样的。身为创业家的您，如果对基础的财务报表没有一定的了解，就像不懂九九乘法表，却跑去参加数学算式的比赛一样，处处充满了高难度挑战！

4-4 财报现金流量观念总整理

读完 4-3 节那两个被极度简化的案例之后，希望您对财务报表有立体的观念：财务报表不能单独看，要三张摆在一起看！我们来复习以下七个重要观念：

1. 损益表有赚钱（净利为正数），不等于是您可以拿来花用的现金，因为损益表是推估的观念。
2. 净利是推估值，不能直接拿出来花。
3. 营运活动的现金流量，等同于企业的生命线，这也是沃伦·巴菲特这么重视自由现金流量（FCF）指标的理由。
4. 为什么很多人创业时，都想从事餐饮业或是服饰业？因为这些行业具有“快收慢付”的特性！
5. 全球企业天天有人倒，为什么比较少听到百货公司倒闭？同样是因为“快收慢付”！

6. 管理学经典《执行力》作者拉姆·查兰（Ram Charan）在2002年接受《财星》杂志专访时，讲道："公司营运衰退的原因有很多种，但是最后拖垮一切都是因为**现金告罄**。"直到2008年金融海啸之后，大家才真正了解"现金为王"的意义：**您没有获利可以照常营业很久，只要一天没有现金，就无法生存！**
7. 所以专业财务分析人员在评估一家企业的时候，最优先会看的数字，往往是营业活动现金流量——它代表这家公司将获利转换成现金的能力。

所以现金流量表最关键的重点，就在于营业活动现金流量。当我们进一步解析这项数据，就能了解这家公司是否表里如一，真的像报章杂志所称的那样获利能力极佳。

营业活动现金流量分析四步骤

Step1：确认"营业活动现金流量是否大于零"

除非您是新创公司或是遇到特殊情况，否则一般情况下，营业活动现金流量（OCF）要大于零（见图 4-4-1）！

图 4-4-1 营业活动现金流量分析——第一步

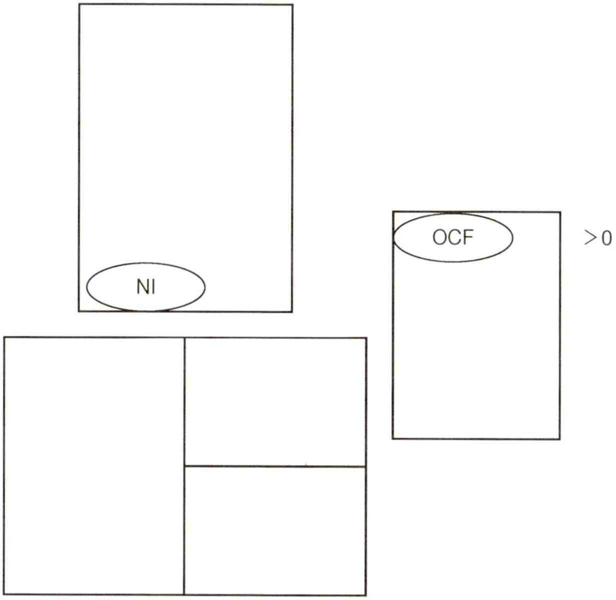

如果该公司宣称它有获利，指的是损益表上的净利（NI）大于零，则营业活动现金流量也应该大于零。

Step2：确认“获利含金量”

假设有一家超级迷你小公司，卖的是鸡排。由于与客户交易都是收现金，所以这家鸡排公司的损益表上最后的净利，应该约等于营业活动现金流量（OCF），因为这家迷你型公司并没有高额的折旧费用（有形资产的贬值幅度）与分期摊销费用（无形资产的贬值幅度）。但经过一年努力后，这家公司的老板决定开放加盟、扩大营运；又过了一年后，共有10万家的加盟者加入。换句话说，他有“10万个鸡排摊位”这个资产，并因此产生各种折旧费用与分期摊销费用（如图4-4-2）。

图 4-4-2 营业活动现金流量分析——第二步

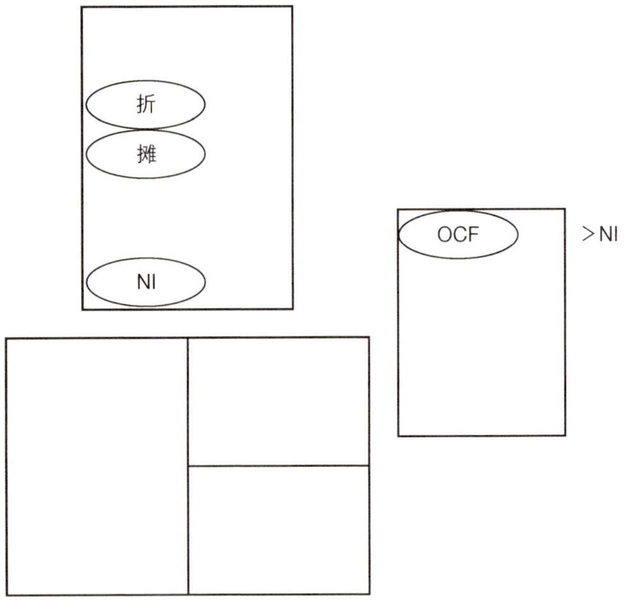

刚创业的时候，这家公司的净利等于营业活动现金流量。但几年之后，损益表上的净利会远远小于营业活动现金流量，因为随着公司规模不断扩大，在算到净利之前，就会扣除掉很多非现金支出的折旧费用与分期摊销费用。所以在正常情况下，**营业活动现金流量>净利。**

因为这个特性，所以股市分析师为了了解一家公司的获利是否能真正变出现金流回公司以提供公司日常营运所需，创造了获利含金量的公式：

$$\text{获利含金量}=\frac{\text{营业活动现金流量}}{\text{净利}}=\frac{\text{大}}{\text{小}}=\frac{\text{OCF}}{\text{NI}}>100\%$$

正常情况下，营业活动现金流量>净利，所以获利含金量必定大于100%。如果不符合，就代表可能有意外状况或不为人知的内情，值得深入验证该公司是否真如报道所说的那么赚钱。

Step3：确认“营业活动现金流量>流动负债”

营业活动现金流量代表公司将损益表创造的获利（净利），扎扎实实地变成现金流回公司的能力。如果这个数据来自年报，就代表一年时间公司将获利转成现金的真正能力。

而流动负债，通常是指应付账款或应付票据等一年内会到期的对外负债。正常情况下，营业活动创造现金的能力，必须大于短期（一年内）要付出去的流动负债，也就是**营业活动现金流量>流动负债**，才表示这家公司的体质健康（见图4-4-3）。

图 4-4-3　营业活动现金流量分析——第三步

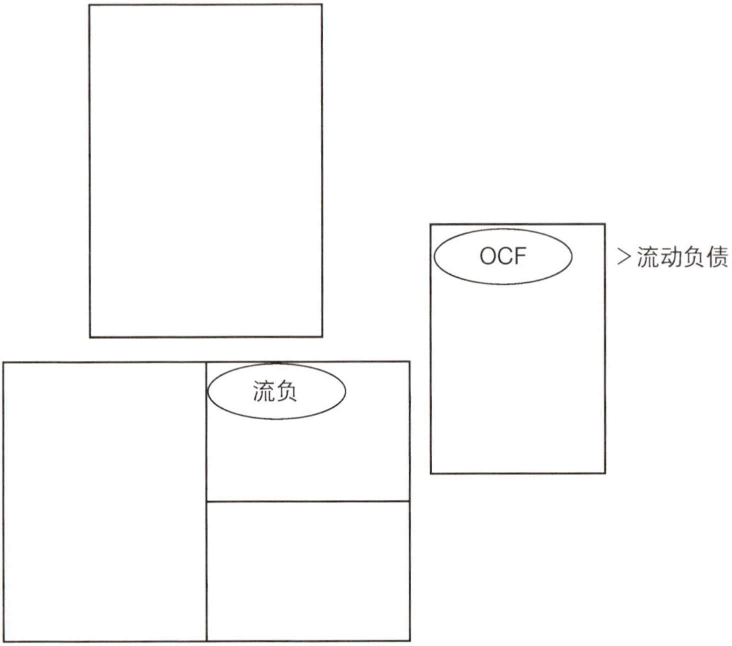

Step4：确认“营业活动现金流量、损益表上的净利，两者趋势变化是否相同”

还记得刚才迷你型鸡排公司的例子吗？一开始，它的净利与营业活动现金流量几乎相同，所以这两个会计科目彼此高度相关，两者的趋势变化也应该相同（如图4-4-4）！如果两者的趋势南辕北辙，通常代表这家公司潜藏着很大的问题。

图 4-4-4　营运活动现金流量分析——第四步

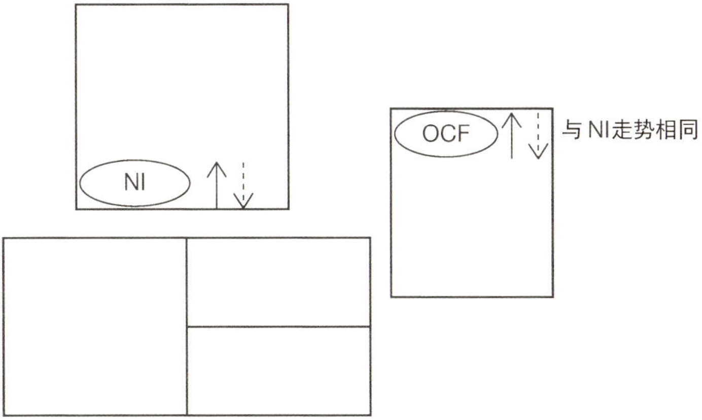

财务报表立体观念是分析的根本

财务报表真的不难懂，刚才我们通过介绍大家在职场上已有的常识，就能推导出这四个现金流量的重点。实际上，一般人未必需要把财务报表了解到专家的程度，这本书的目标并不是要让您成为专家，而是希望能让您通过现有的生活常识，推导出正确的财务报表立体观念，使您的财务智商立刻提升至合格水平，不会轻易被隐瞒、造假的数据蒙骗，也能正确理解财务运用的方向。

日后您不管是读哪一类的财务书籍，只要配合图 4–4–5 的立体模型，将与其他书籍讲到的重点对应的会计科目圈在图上的立体模型之中，就可以知道其他作者想要跟您分享的重要观点。这样的话，即使您买书自学，也不会在众多会计科目中迷路了。

图 4–4–5 财务报表的立体观

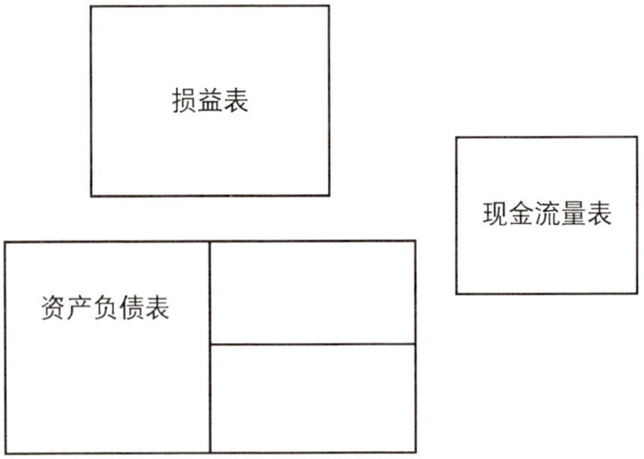

PART

5

附录

财务常识总复习

Q：一家公司在一定期间有没有赚钱，应该看哪一张报表？

A：损益表。

Q：一家公司真正的赚钱能力应该看哪里？

A：现金流量表的营业活动现金流量，以及损益表上的营业利润。

Q：这家公司一直有赚钱，一定不会倒闭吗？

A：不一定！还要看现金流量表的营业活动现金流量！

Q：财务报表有这么多张，包含这么多科目，要先看哪一张？

A：可以先看资产负债表上的现金与约当现金，现金流量表上的营业活动现金流量，损益表上的税后净利润与营业利润，资产负债表上的股东报酬率[①]与总资产周转率。

Q：哪一张报表是依据实际情况而得的数字，最不受人为操纵影响？

A：现金流量表。这张报表主要分成三大类：营业活动现金流量、投资活动现金流量、融资（理财）活动现金流量。其中以营业活动现金流量（OCF）最为重要！

Q：沃伦·巴菲特最重视哪个数字？

A：自由现金流量（Free Cashflow）。其计算公式为：

自由现金流量＝营业活动现金流量－基本资本支出

Q：公司赚的钱叫“净利”，是最直接的绩效评估，为何它容易受到会计学的扭曲？

A：因为大部分的公司交易都不是现金交易，所以损益表并非以现金为基础所产生的报表，采取推估的概念，不是100%正确。此外，有心者还可以在销货收入与各种折旧费用上上下其手，进行报表美化，所

① “股东报酬率”即“权益报酬率”。

以容易受到人为扭曲。

Q：公司经营如果走下坡路，如何确认它是否有本钱撑一阵子？

A：可确认以下四个要素（综合整理为图 5-1-1）

1. 现金与约当现金是否占总资产的比率为 25%，建议最少也应高于 10%。
2. 是否采取快收慢付的经营模式。

图 5-1-1 提升周转能力的关键

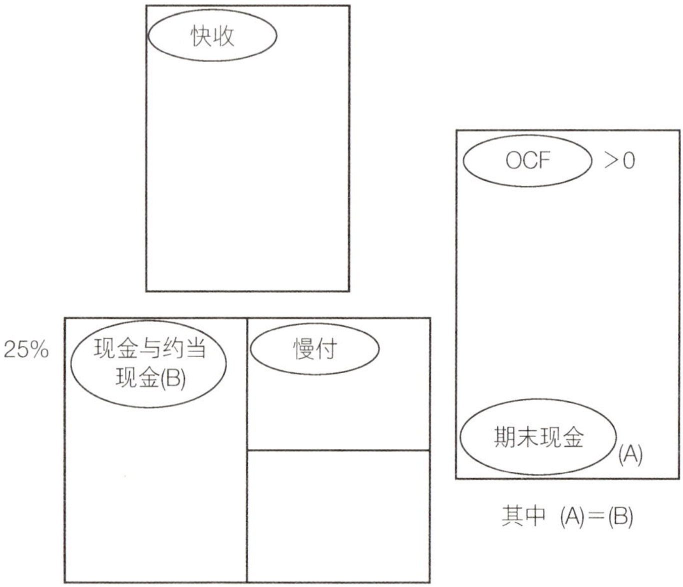

3. 做生意的完整周期是否够短，越短越好。

存货在库天数 + 应收账款收现天数 = 应付账款周转天数 + 缺钱的天数

4. 每一期的营业活动现金流量，是否能够稳定地大于零。